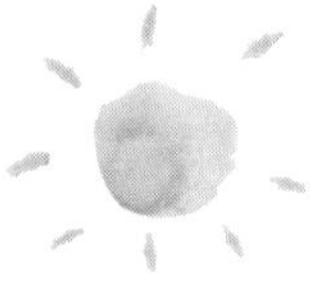

いちばん大事な

子育ての順番

0歳からのシュタイナー教育で、可能性をのばす

虹のこども園 園長

虹乃美稀子

青春出版社

『いちばん大事な「子育て」の順番』もくじ

第3章

第4章 10歳以降 蛹の時代 「子ども時代」からの脱皮に向けて …… 203

カバーデザイン&
カバーイラスト&本文イラスト……玉村幸子
本文デザイン……岡崎理恵
校正……鷗来堂
企画協力……ブックオリティ

序章

シュタイナー教育が教えてくれたこと

——子育てはアートです

何事においても「順番」を知っておくことはとても大切です。

たとえば日々の料理であってもそう。下味の塩は火を通す前にまぶすもので、出来上がってお皿に載せてから振りかけても、間に合いません。ただ塩辛いだけになります。反対に、カレーライスを作るのに、焦って野菜が生煮えのままルウを溶かし入れてしまったら、もう生煮えの野菜にそれ以上火が通ることはありません。急いで過程を飛ばしたら、素材は台無し、おいしい料理は出来上がらないでしょう。

子育ても同じです。順番が大事なのです。

人間の成長発達の普遍的な順序を踏まえておかないと、そのとき育まれるべきもの、また後から育つべきものが弱まる恐れがあります。

たとえば、からだを育てる時期に、無理に頭を使わせること——早期教育や知能開発などということを良かれと思ってさせすぎると、そのときは他の子どもより早く字が読めたり、計算が解けたりするかもしれませんが、一生を生き抜くからだに弱さが生じて成人後の病気につながったり、自己肯定感が感じられずにいつもどこか不安が生じていたり、思春期以降もいつまでも受け身で「自分の意見を持つ」ことができにくくなったりするわけです。

私は公立の保育士を経て、自宅に私塾という形でシュタイナー教育の幼稚園を開いています。２００８年に開園したこの小さな「幼稚園」は、年少から年長児まで定員15名の子どもたちがきょうだいのように共に過ごしています。

シュタイナー教育、と聞くと、みなさんはどのようなイメージを持たれるでしょうか。「テレビを見せない」とか「先生たちが大声を出さない」とか「手仕事をたくさんする」とか「教室が子どもじみてなくてアーティスティックである」とか、独特な印象を持たれている方もいるかもしれませんね。

しかし、シュタイナー教育が大事にしている二本の柱は、実はとてもシンプル。ひとつは「人間の成長発達は時代・人種を問わず普遍である」ということ。

そしてもうひとつは「一人ひとりの魂は、全く個別の精神的な存在である」ということです。

なんだか、拍子ぬけするほど、当たり前のことですね。

ひとつめについてはつまり、一千年前だろうが一万年前だろうが、もしくは黒人だろうが白人だろうが黄色人種だろうが人間の子どもであるならば、受精から出生に至るまでにたどる過程は変わらない。また、生まれてから首がすわり、寝返りをうち、這《は》い、歩き出す……という生物学的な発達過程も変わらないということです。

そしてその一方で、子育てというのは、そのからだを育てるばかりでなく、心と精神も育てていくわけですが、その器となる魂は、一人ひとりがまさに十人十色、全く個別の尊い存在であるというわけです。

ですから、人類が共通して持つ生物としての発達順序をよくわきまえて、必要なサポートをしながら、その見えない「魂」は全く個別の存在として受け止めていく、この言わば両輪を上手に意識していくことが欠かせないのですね。

今は「個」が尊重される時代。個性を育むこと、それはとても素晴らしいことなのですが、「個」を尊重したいと思うばかりに、ひとつめの大事な「発達の順番」の視点が抜け落ちてしまっていることが多いのです。

そうして、発達にそぐわない関わりやアプローチによって子育てを難しくしてしまったり、発達のバランスがとれていないところを安易に「個性」と認めて接してしまったりしていることが、実は子どもの健やかな成長を阻害していた、というケースを目の当たりにすることも少なくありません。

人間の成長の法則は、下から上へ、つまり「足から頭へ」です。

人間たる象徴が直立二足歩行であるように、まずはしっかりと立ち上がり、己の人生を生き切ることができる**「からだ」**――それは、内臓・神経系・骨・筋肉のみならず視覚、聴覚、触覚……といった感覚器官も意味します――を育てることが、幼児期には最重要課題です。

そうして、そのからだづくりの基礎工事が終わるおおよその目安というのが

7歳前後に始まる「歯の生え変わり」です。このサインから、次の段階、足からのぼって胸の領域、つまり**「感情」**を豊かに育てていく時期に入ります。小学校入学からおよそ14歳前後、第二次性徴が起こる頃までですね。そしてそれ以降、成人するまでの間に発達の領域は頭へと至り、**「思考」**の力を育んでいくのです。

子育てが本当に目指すところは、いったいなんでしょう。

勉強のよくできる子でしょうか、スポーツの得意な子でしょうか、それとも勉強もスポーツもできないけれど愛嬌のある人気者でしょうか。

私は、子育てが目指すところは「大人になったときに、本当の意味で自由な人間になる」ということなのでは……と思います。「本当の意味で自由な人間になる」というのは、単にやりたいことを衝動のままにやる、という意味ではなく、自分が心から望むことが自分でわかり、責任を持って取り組むことができる人間になる、ということです。

それがたとえ、世間的に価値のないものでも、取り立てて立派なことでなくても良いのです。自分の欲することを、責任を持って、加えて言うなら周囲と良い関係を持ちながらできたなら、その人間は自由であると言えるでしょう。

現代は、成果主義の世界となり「あなたは何者か？　何ができるのか？」を暗に問われ続けるような時代となりました。こうした世界では大人たちが社会に生き残るために必死なので、つい子どもたちにも焦って接しがちです。少しでも早く、取り残されないように、身につけられるものはいくらでも多く身につけて、差別化のための「個性」も育んで……。

しかし、繰り返してお伝えしますが、人間の成長発達には普遍の原則がありますす。昔も今も、心身を健やかに育むための必要な働きかけは、何も変わってはいないのです。今、シュタイナー教育が百年の歴史を経てなお新たに必要とされているのは、そうした成果主義・頭ばかりを酷使するような情報化社会の中で、ホリスティックなアプローチで子どもの成長を支えることがいかに大切であるかが、現場から再認識されているからでしょう。

最近では保護者さんに限らず、近く遠くの様々な方から子育てについての相談を受けることが増えました。

お悩みは置かれた環境や親子関係、年齢によってもちろん多岐にわたるのですが、総じてそこに浮かび上がってくるのは、自己肯定感が足りず、「自分」という根っこをこの地球にしっかりと下ろすことができずに、不安気にさまよっている子どもたちの姿です。

「生きる根っこの力を育む」

この言葉は、私が園で指針としている言葉ですが、どうもこの「根っこの力」がグラグラと弱い子どもが増えているように感じます。世の中のめまぐるしい変化に押し流されるようにして、子どもたちの発達の順番を無視した促成栽培のような教育や子育てが、知らず知らずのうちに蔓延しているからかもしれません。

私はこの本を通して、子育てには順番があるよ、ということをお伝えするとともに、子育てはアートですよ、ということをお伝えできたらと思っています。

子育てにおいて「順番」は「守る」ようなものではありません。

料理の基本に「さしすせそ」という言葉がありますよね。「さ」は砂糖、「し」は塩、「す」は酢、「せ」は醤油（旧仮名遣いですね）、そして「そ」は味噌のこと。調理の際に調味料を入れる基本の順番を指す言葉です。

しかし、これはあくまで「目安」であって、個々のメニューを作るときには、この順番やレシピの手順をベースに、素材の具合や食べる人の好みを考慮して様々にアレンジしながら、我が家なりの「おいしいもの」ができるわけです。

子育ての順番も同じです。目安として把握しておくことはとても大事です。そうしないと子どもの個性そのものも見極めることができません。

しかし、発達の順番を目安とした上で、子どもが生まれる前から持ってきたそのかけがえのない唯一無二の魂の個性と向き合ったとき、そこにはもう、正しい答えなどは何もなく、手探りの出会いを続けていくしかないのです。

未知なるものとの向かい合い、直感から生み出される対象との関わり、そこから新たに創り出されていくもの――そう、これはまさに芸術活動。だから子どもたちと暮らすことは、大変なこともあるけれども、楽しく、ワクワクして、自分自身がいつも新鮮でいられるクリエイティビティに満ちあふれているものなのです。

子育ては、アートです。

そう言ったら、子育てや保育に奮闘しておられるあなたは「そんなのんきなものにはとても思えない」とおっしゃるかもしれません。でも、四半世紀にわたり、たくさんの様々な子どもたちと出会い、暮らしてきた中で私が確信したのはやはり、「子育てはアートである」という一点に尽きます。

アートとはつまり、芸術です。子どもを育てるということは、唯一無二のオリジナルな魂に寄り添うということです。

そこには正解もなければ、すべての子どもに通用するようなノウハウもありません。どんな親でも先生でも、子どもをかけがえのないたったひとつの命であると畏敬の念を持って接するほどに、その関わりは手探りにならざるを得ません。手探りしながら、試行錯誤しながら、直感を頼りに子どもに寄り添うとき、あなたの行いはそのまま芸術行為となっているのです。

アーティストになりましょう。

今は子育てに関してもたくさんの情報やデータがあふれています。しかし子育ては、科学の実験のように同じ手順を踏めば、同じ結果が出るというものではありません。魂は十人十色の個別のものなのですから。

子育ては科学ではありません。子育ては、アートなのです。

子どもと向かい合うことはいつだって、自分自身を新たに創造していく過程です。「子ども育ては自分育て」の本当の意味は、そういうことです。

あなたがいつもアーティストとして輝いていることができますように。

アートに失敗なんてないように、あなたの子育てにも失敗はないのです。ただ、いつもクリエイトしていこう、そんな気持ちさえあれば、あなたが親であれ先生であれ、あなたのそばにいる子どもはきっと、とても幸せです。

第1章

乳児期（0〜2歳）現生人類への道

赤ちゃんは全身が感覚器

赤ちゃんは「全身が感覚器官」です。

赤ちゃんはいわば、「人間」になりかけている途上の生きものです。すっかり大人になってしまった私たちにとって、目の前にいる赤ちゃんがどのように世界を知覚としてとらえているかを想像することは、簡単なことではありませんが、とてもエキサイティングです。

私たち大人は、テレビを見ながらスマホでメールを返信したり、窓の外から聞こえてくる道路工事の騒音の中でも、読書や仕事に集中したりすることができますが、子どもは小さければ小さいほど、感覚器官に飛び込んでくるいろいろな刺激を取捨選択できません。

大人の感情のたかぶった声、繰り返すアラームやブザーなどの電子音、蛍光灯のまぶしく強い光、大型テレビの絶え間なく変わる映像、合成洗剤や柔軟剤の強いにおい……こうした現代生活にあふれる刺激は、赤ちゃんに絶えず逃れられない「攻撃」を知らず知らずのうちに与えてしまっているのです。

ですから、赤ちゃんと初めて暮らすときに、まず覚えておいていただきたいことは「赤ちゃんはいつも世界に向かって感覚が開きっぱなし。自分で閉じることはできない」ということです。

赤ちゃんにとっては、自分の手足が最大のおもちゃ

赤ちゃんは「おぎゃー」と泣いて生まれてきたときから、自分のからだ全部を感覚器官として、世界に開きっぱなしの状態です。「オープンマインド」ならぬ、「オープンボディ」です。

実は赤ちゃんはこの時点ではまだ、自分のからだが自分のものであるという認識はありません。赤ちゃんの意識はまだ、薄暗い闇の中でぼんやり光る、あかりのような状態です。

赤ちゃんがまだ1、2か月の頃、自分の顔がかゆいのを手でこすってひっかいたり、ひっかきすぎて血が出て、不快でぐずったりしていることがありますね。あれはまだ、自分の手も顔も、自分のぼんやりした薄暗い「意識」とともにある「自分のからだ」だという認識がないのです。

それから次第に、ひとりでベビーベッドの中で機嫌よく起きているときなどに、自分の手指を舐《な》めたり、目の前に持ってきてからませてみたりし始めます。

このときに、「退屈しているのかしら、そろそろ何か刺激のあるおもちゃが必要かしら」と思わなくても大丈夫です。赤ちゃんは今こそ、この自分の目の前にある手指が、自分の意識とつながっている「自分のからだ」であることを、認識し始めたときなのです。それは「触覚」を通して、赤ちゃんが自分自身と出会う大きな一歩です。存分に味わわせてあげましょう。

「赤ちゃんの感覚を刺激する知育玩具」などの派手な色合いのおもちゃや電子音の鳴るようなおもちゃは、そうした発達の重要で繊細な最初の一歩を図らずも奪ってしまいます。

人類の長い歴史の中で、そうしたおもちゃが人間の発達進化に必要だったことは一度もありませんでした。実際、そうしたおもちゃのほとんどが1年もしないうちに使われなくなり、ゴミに出されたり、フリーマーケットで売られたりしています。

赤ちゃんには、基本的におもちゃは要りません。その手指に触れる布団や服の心地よい布地、家族の話しかける声や会話、おっぱいのにおいや感触、そして成長していく自分自身のからだそのものを動かすことで、赤ちゃんの感覚刺激は健やかにいっぱいになります。

もしも少しだけ、何かおもちゃらしいものがほしいのであれば、口に入れてもよい自然素材の木のものや、握って感触を楽しめる天然素材の布のおもちゃなどが良いでしょう。お部屋に野の花を飾ることだって、赤ちゃんに全く関係ないことではありません。小さなお花がそこに飾られたという気配、野の香り、一輪の花を飾るお母さんの気持ち、すべてを感じています。

赤ちゃんは、自分の意識をゆっくりと「からだ」というこの世の物質になじませていきます。「からだ」は地球の有機体としての物質です。ですから最初に感覚を通して出会っていくものは、プラスチックや電気じかけのものではなく、この地球に元からある有機的なものであると良いでしょう。

たとえば、着せる服や肌に触れる寝具なども、大人以上に何倍もその素材の性質に敏感です。綿や絹、ウールといった天然素材は空気を通します（ウールは湿気を逃がす働きもあります）。一方で、化学繊維は微細な静電気を引き起こし、絶えず肌を刺激します。赤ちゃんの不機嫌の原因がこんなところにあったりもするのです。

私はもう20年以上、月経のときには布ナプキンを使用していますが、たまに不意のことで使い捨てのナプキンを使うとその不快さに落ち着かなくなります。布おむつの肌触りの良さは赤ちゃんにとって、それ以上のことだと思います。

まだ感情の領域が快・不快を中心とした未分化な状態で思考の力も眠っている赤ちゃんにとって、世界は感覚印象がすべてです。穏やかで、心地よく、美しい環境を用意してあげることが赤ちゃん時代の一番の教育的働きかけと言えるでしょう。

私の園では教室の壁と天井をみんなであかね色（サーモンピンク）に塗りました。お母さんの子宮の中の色です。この教室にいると、子どものみならず大人も温かく包まれている心地がして、安心しますし、元気になります。

赤ちゃんは薄暗いところが落ち着きます

お腹の中から出てきたばかりの赤ちゃんは、突然強い光に晒《さら》されるのは苦手です。洞穴に長いあいだ住んでいた人が、穴から出てきた途端にスポットライトを浴びるような強い印象を受けるでしょう。特に寝ていることの多い赤ちゃんは、夜には天井の照明器具の真下にならないように気をつけましょう。感覚が興奮し続けます。

日本は特に蛍光灯のピカピカと明るい光を好む傾向が大きいですが、そうした明るすぎる人工的な光は、人間の感覚を興奮させ、疲れさせます。交感神経が優位になってしまうのですね。

赤ちゃんが生まれたらぜひ、間接照明を上手に取り入れてみてください。神経がやすらぎます。もちろん、家事をするときは明るい照明が必要なことも多

いでしょう。夕食を作り終えたらとか、お風呂から上がったらとか、夕方のどこかのタイミングで、照明を切り替えるのです。

この習慣は子どもたちがもう少し大きくなったときに、早く寝る習慣をつけるのにもとても有効です。

間接照明がついて、お部屋が薄暗くなったら、それはもう「大人の時間」。子どもたちはベッドに行く時間だとわかりやすくなります。子どもが中心となる育児の時間が24時間続くのでは、どんな大人も耐えられません。子どもは早寝が必要ですし、そうすることで「大人の時間」を確保することは、健やかなメンタルを保つためにも大切です。その習慣を今のうちに作っておきましょう。

ちなみに赤ちゃんも小さければ小さいほど、昼間でも窓際などのあまりに眩《まぶ》しい光の下に、長い時間寝かせることは避けたほうがよいです。眩しさは、赤ちゃんにとって過剰な刺激となります。日光は、子どものからだを育てるのに欠かせないものですが、それでも赤ちゃんが日光を浴びすぎると、柔らかい皮膚にも、そして神経系にも過剰な負荷を受けます。

そういった意味では、幼児を裸にして長時間の日光浴をさせたり、いきすぎた日焼けをさせることも避けたいものです。大人でも海水浴でうっかり日焼けした後のダメージは、赤く腫れた皮膚のやけどばかりでなく、体力を奪われたり、体調を崩したりするのと同じです。今まさに神経、内臓、骨、皮膚、筋肉……「からだを育てている」真っ最中の子どもたちに、過剰な光はダメージを与えます。何事も、バランスが肝要です。

「薄暗さは子どもの神経を守るだけでなく、回復力も与えてくれる」と覚えておくと、気をつける加減がわかるようになるでしょう。

赤ちゃんがいるところでは、画面を消して

赤ちゃんは強い光や音が苦手とお話ししましたが、皆さんのお家にあって、絶えずそれらが流れ出てくるものはなんでしょう？

そう、テレビです。

テレビはどんどん大型化して、狭い部屋の壁一面を占めるほどの大きさのテレビも珍しくなくなりました。私の持っているテレビはパソコンほどの小さなサイズなので、たまに大きなテレビがついているお家にお邪魔すると、部屋に占めるテレビの存在に圧倒されます。目の前にいる方のお顔よりも大きな人間の顔が画面に映し出されたりして、今ここの話題とは全く関係のない出来事が、その中で進行しています。人間の暮らしって、だいぶ奇妙になってきたなと感じます。

さて、そんな状況においても私はもうすっかりと大人ですので、多少の違和感を持ちつつも、ちゃんと「今ここ」の話を相手の方とすることができますし、よほどの緊急ニュースでも流れてこない限り、テレビに気を取られることもありません。

しかし、「全身が感覚器官」の赤ちゃんはどうでしょう。

これらの「今ここ」とは全く関係のない様々な刺激に、晒《さら》され続けることになります。それは、赤ちゃんがその繊細な感覚で、世界を手探りで探索活動するという一番の「課題」を暴力的に阻害することにもなるのです。

赤ちゃんのいる場所では、テレビを消すこと。

これは、子どもの前ではタバコを吸わない、というのと同じくらい当たり前のマナーになってほしいと思います。

お出かけは、時々に――
赤ちゃんはおうちにいたいもの

　私の園の赤ちゃんクラスに申し込みされるお母さん方から、時々「うちの子は外に行くのが苦手で、出かけるとぐずったり泣いたりするのですが、それでも参加できますか？」という問い合わせがあります。

　もちろん、それは赤ちゃんの健康的な姿ですからどうぞご心配なく、と返答するのですが、実にその通りで、全身が感覚器官の赤ちゃんにとって、外出は未知の世界へ無防備に連れ出されるようなものですから不安が大きいのは当たり前なのです。

　出かけるのが楽しみなのは、出かけた先が楽しいという経験に基づく見通しが持てるから。私たちも、からだひとつで知らない惑星に不意に連れてこられたら、いくらガイドがいたとしても不安で仕方ないでしょう。見知らぬ光や音

などの刺激の一つひとつに驚いたり、混乱したりするはずです。

赤ちゃんにとっては、外出自体が大きな刺激になります。

たとえば、ショッピングモールに買い物に行くとします。巨大な施設の中に、絶え間なく流れる大音量のコマーシャルソング、これでもかと照らし出される蛍光灯、行き交う様々な人々、目を引くように作られた派手な商品の数々、人がいるのにほぼ会話がなく、ピッ、ピッ……とスキャン音だけが鳴り響くレジコーナー、と赤ちゃんが把握しきれない状況がてんこもり。ベビーカートに乗せられたまま、大好きなお母さんは品定めに夢中で気配が消えています。

こんなときに赤ちゃんが静かなのは、過剰刺激に圧倒されているだけかもしれません。そして帰ってからのぐずりや夜泣きの原因は、こんなところに隠れているかもしれないのです。

赤ちゃんと一緒にお出かけするときは、なるたけ騒々しくない、落ち着いたところが好ましいです。マイクが必要となるくらい人の多く集まる大規模イベントや、混雑した場所などは無防備な赤ちゃんにはまだ早いのです。様々な病気の感染のリスクも高まりますので、避けるようにしましょう。

自分で座れるようになる前に大人の都合で座らせないで

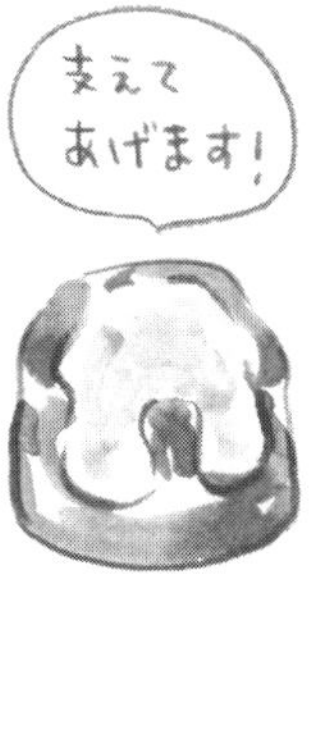

様々な赤ちゃんグッズが生まれては消えていきますが、時代が進むほどに赤ちゃんにとってより良いものに改良されたり、開発されたりしているものなのでしょうか？

近頃、赤ちゃんのいるお家でよく見かける「ベビーソファ」なるものを見ました。あの、赤ちゃんの体の形にくり抜いたように作られているポリウレタン製の赤ちゃん椅子のことです。

赤ちゃんをはまり込むように座らせるため、まだ一人で座れない赤ちゃんを座った姿勢に保てる椅子は、ご飯を食べさせたり、ハイハイで動き出す目の離せない時期に、便利に使われているようです。

でも、赤ちゃんはリハビリの必要な患者ではありません。とても柔らかなまだ完成されていない骨と筋肉を、自分の思うように動かせるようになることが、いちばんの挑戦課題。自分の筋力でバランスを取り、座ることができるようになるまでの「過程」がとっても大事なのです。

寝ているだけの状態だった赤ちゃんが、ある日座れるようになり、首をまっすぐにして世界を見られるようになることは、どんなにすごいことでしょう。そこに至るまでに何度もバランスを崩し、それでもからだの内なる欲求に従って、何度も挑戦します。それは意識の記憶には残らないけれど、からだの記憶には残る「挑戦と成功」という意志の達成感です。

自己肯定感の根っこって、こんな本人の記憶の残らない時期に育てられるものなんです。

子どものからだから湧き出る、「座りたい！」という欲求を奪わないようにしましょう。ベビーソファは、絶え間なく体を動かしてその「からだ使い」を学んでいる赤ちゃんをギプスにはめてしまうようなもの。決して、座らせっぱなしにしないでほしいと思います。大人の便利に、物言わぬ赤ちゃんの「自由」を奪ってしまってはいけません。

「おんぶ」のすすめ

めっきり「おんぶ」姿のお母さんが見られなくなりました。おしゃれで機能的な抱っこ紐や「スリング」がはやり、近頃の育児は「抱っこスタイル」が主流です。胸元からのぞく抱っこされた赤ちゃんの寝顔、本当にかわいい。まるで天使です。

でも、小さな子どもを育てている大人は、とっても忙しい。やることがたくさんあります。からだ使いを考えると、前が空いているほうが断然動きやすいのです。

リュックを背中ではなく前に抱えて山登りをするとしたら、とてもハンデですよね。育児も同じ。背負えるものは人でも荷物でも、背負うのが楽です。

地震や火事といったいざというときにも、動きやすいのは「おんぶ」です。

0歳児を担任した保育士新米時代、園の避難訓練では一人を背負い、両手にひとりずつ抱いて逃げるようにと教えられました。

0歳児は三人の子どもに対して一人の保育者が定数です。一人で三人の乳児を連れて避難するには、背負うことが欠かせないのです。

昔ながらの前が〝ばってん〟になるシンプルなおんぶ紐はかさばらず、慣れるとひょいとすぐ背中に乗せられて、赤ちゃんもお母さんも快適です。家事のはかどりが変わってきます。胸元が〝ばってん〟になってしまうのが気になるお母さんは、ぜひお家の中だけでも試してみてください。とっても楽で家事もはかどりますよ。

抱っこで歩いているお母さんを見ると、転んだときに赤ちゃんがお母さんの下敷きになってしまう危険を感じます。

特に、赤ちゃんを対面ではなく「前向き」に抱っこしている姿は、何度見てもドキッとしてしまいます。赤ちゃんが「盾」になっているように見えてしまうのです。前向き抱っこは「赤ちゃんの視野が広がり、様々なものを興味深く見ることができる」という声を聞くことがあります。気持ちはわかるのですが、ちょっと大人目線の思いかな、と感じます。

赤ちゃんは、まだまだ「守られている」ことが必要です。それは危険からはもちろんのこと、過剰な暑さ寒さ、大きな音、強い光など、様々な感覚を刺激するものからです。

なにせ、赤ちゃんは大人のイライラや不安やちょっとした気配も察知するほど敏感なのです。赤ちゃんが先頭になって外の世界に突き進んでいくのではなく、おんぶされてお母さんの背中に守られながら、お母さんの背中越しに、外の世界に出会う。お母さんが指差したものを、同じ方向を向いて指の先に探す。この「背中越しに」という感覚が、大事です。**「背中越しに」見ているまだ無意識の「自分」は、無意識に「守られている」感覚をも育んでいるのです。これが世界への安心と信頼を育みます。**

離乳食を卒業したら、おっぱいも卒業してよいのです

「おっぱいは何歳まで飲ませるべきか」

よくある質問のひとつです。

これには様々な意見があります。中には、母子の絆を育むものだから、欲しがるうちはいつまでも与えてよい、という意見もあります。確かに、幼稚園の年長さんになっても、夜はお母さんのおっぱいを口に含んでからでないと眠れない、という子もいるでしょうし、いやいや私は小学生まで飲んでましたよ、という強者《つわもの》にお会いしたこともあります。

断乳を試みた先輩ママたちの、髪を振り乱して泣き叫ぶ我が子と戦った話を聞いたりして、怯《ひる》んでいるうちに授乳をやめるタイミングを失ってしまっている、という話もよく聞きます。

子育ての象徴でもあるような授乳。ついつい母子の愛着形成といった心理的な側面が語られることが多いのですが、もうひとつ「栄養の吸収能力の発達」という大事な側面があります。

母乳は、それだけで人間の最初に必要な栄養をまかなえるスーパードリンクです。赤ちゃんが毎日劇的に成長していくのに必要な、すべての栄養を補うことができます。

しかし、離乳食が始まると、からだは食べ物を「消化吸収していく」ということを覚えていかなくてはなりません。つまり、外の世界にある食べ物を、自分の歯で細かく噛み砕き、胃に送ってさらに消化し、それらを小腸で栄養吸収し、大腸でいらないものは排泄物になるよう送り出す、という過程です。「食べる」ことで、少しずつ胃や腸といったそれぞれの内臓が「練習」するのです。離乳食を終えて、ひととおり食べられるようになったら、この消化吸収過程の基本を習得したということになります。

そして、そこからが実践です。子どもは、自分自身の力で外の世界にある食べ物を噛み砕き、ドロドロに溶かして、必要な栄養を取り込み、いらないものは排泄する、ということを繰り返し、内臓を体の中から育てていくのです。

いつまでも母乳を飲み続けるのは栄養ドリンクを飲み続けているようなもので、働き始めたばかりの消化器官を怠けさせてしまいます。消化器官の育ちが十分でないと、その子の一生の消化能力に影響を及ぼします。乳幼児期に大事なことは、その場で影響が表れることばかりではないのです。生き物の理から言えば、口から食べ物が摂取できるようになった時点で、母乳はもう必要がないというのが自然でしょう。

２歳を過ぎてもご飯のときに集中せずに遊び食いが多いという相談の中には、母乳を飲み続けていることによりカロリー過多で食べられない、といったお子さんが意外と多いものです。

とは言え、愛する我が子に授乳するというのは何物にも代え難い喜びというお母さんも多いことでしょう。離乳食が終わったら、すぐやめるべき、という話をしているのではありません。ただ、人間の身体的発達という側面もどうかひとつ、視野の中に入れておいていただけたらと思います。

汚すのが仕事の1歳児、「自分で食べたい！」が出てきたら

1歳も過ぎると、食べさせられるという受け身から、「自分で食べたい！」という欲求がどんどん大きくなってきます。食べるのが好きな子は、お母さんが口に運んでくれるのを待つのももどかしく口を突き出してきますし、まだ上手に使えないのにスプーンやフォークをお母さんの手から奪って返さない子も多いでしょう。この「自分で！」の欲求は、とても大事な生きる力の根っことしての欲求です。存分に叶えさせてあげましょう。

この時期、まだ使えないスプーンを片手に握って、もう片方の手で手づかみで食べることも珍しくありません。危なくない限りは、見守ってあげましょう。

「食べさせられること」と「自分で食べること」には天と地ほどの差があります。考えてみてください。大人が「食べさせてもらう」ときって、どんなときで

しょう。よほどの病気や怪我をして寝たきりになったときか、もしくは、いよいよ年老いて重度の介護が必要となったときですよね。子どもは、どんどん大きくなりたいのです。自分でやってみたいのです。食べることは、生きることの根っこの力に属しています。

この時期はまだ、食事の「お行儀」を伝えるには早過ぎます。手づかみでも、自分で食べようとする姿勢を大事にしましょう。汚されてもいいように、子どもの食事の椅子の下に新聞紙をあらかじめ敷いておくなどの工夫があるとストレスが減ります（とはいっても、この年齢の頃に納豆を食べさせるのはなかなか勇気がいりますね。それでも納豆は食べさせたほうがよいほど、便利で栄養の優れている食品のひとつです）。

濡れおしぼりは常に手元に置きましょう。汚れた手や顔を食事中に拭いてあげることで「気持ちよさ」の感覚が身につき、次第に自分で拭くようになります。こうした習慣がのちに、食事時の落ち着いた姿勢を育む基盤となります。

赤ちゃん言葉で話しかけないことは、相手を尊重すること

赤ちゃんは言葉を話し始めるずっと前から、言葉を学習しています。言葉を発しないうちはついそれを忘れがちですが、赤ちゃんは意味のある言葉を発するずっと前から、周囲の人間の話す言葉に耳を傾けています。

赤ちゃんに話しかけていると、6か月も過ぎると、こちらの話していることを理解していると感じることがありますよね。ですから、子どもたちにとって日本語の最初の先生はお母さんであり、お父さんなのです。きちんとした言葉で話しかけるということの教育的要素は、私たちの想像以上のことかもしれません。

きちんとした言葉で話しかけるということは、子どもでも大人でも相手を尊重しているということです。まだ話し出さない赤ちゃんにも、おむつを交換し

たり、抱いたり降ろしたり、授乳したりするときなどに、物を扱うように動かすのではなく、優しく話しかけることによって、子どもは「人間として尊重されている」という実感を覚えます。これは自己肯定感の根っこを育てるとても大事なことです。

自己肯定感は無意識の領域に育まれる感覚です。大きくなってから、顕在意識に働きかけて育てようとしてもなかなか難しく「褒めて育てる」といったようなうわべだけの働きかけになりがちです。

赤ちゃん言葉、というものがあります。靴下を「タンタン」と言ったり、麺類を「ツルツル」と言ったりする類《たぐい》のものです。赤ちゃんが言葉を話し始める時期に出てくる語尾の強調や、擬音語的な言い回しを、大人が真似して話すことを言います。

広く使われるものもあれば、地域もしくはその家庭でだけ使われるものもあるでしょうが、「相手を尊重する」という点でいうと、赤ちゃんだからといって、赤ちゃん言葉を使う、というのは相手を人間として尊重していないことになります。

私たちが外国に行って、その国の言葉をよく知らないからといって、赤ちゃん言葉を使われたらどうでしょう。また、大人が赤ちゃん言葉を使うと、子どもはそれをお手本として、本来の対象と言葉を関連させて学ぶ機会を遅らせてしまいます。

赤ちゃん言葉というのは愛らしい空気をはらむもので、使うとなんとなく大人をほんわりとした気分にさせるものかもしれませんが、その子にとって日本語の最初の先生となるべき人が使う言葉としてはふさわしくありませんね。

「タンタン」でなく「靴下」、「ツルツル」でなく「うどん」でも、子どもたちは十分に理解します。愛らしさが先に立って、子どもに幼稚な言葉を投げかけないように気をつけたいところです。

CDの歌や音楽よりも、お母さんの鼻歌が聞きたい

私の園には一切スピーカーが置かれていません。歌もおどりも、すべては教師の生声です。

生きた声は、子どもにとって魂の滋養のようなもの。声にはその人の本質が含まれています。しかし、録音したものにはその力は見出せません。生の声で語りかけるというのは、それほど大事なものなのです。

小さな子どもたちにとって、いちばん好きな音は、お母さんの声です。なにせ、お腹の中でその命が芽生えたときからずっと聞いていたのですから。声がかすれがちだとか、低すぎるとか高すぎるとか、そんなことは問題ありません。どんな声でも、子どもたちはお母さんの声が大好きです。

子どもといるときには、ぜひ小さな歌を歌ってあげてください。子どもは大

人が歌っているととても安心します。

小さな歌とは、小鳥のさえずりのように、かたわらで小さく口ずさむような歌です。複雑な歌ではなく、誰もが知っている童謡だったり、もしくはその場の気分を即興で歌にしたような適当な歌でもかまいません。音痴だからって、遠慮することはありません。どんなに有名な音楽家のＣＤをかけるより、たとえ調子外れでも、そばにいる大人の鼻歌のほうがよほど子どもたちには魂の喜びなのです。ハミングだっていいのです。

私は、人類は話し出す前に、歌を歌っていたのではないかという気がしています。もちろんそれは完成された曲のような歌ではないけれど、何かこう、言葉を語るというよりも、その場の感情が抑揚となって表れ出る声のようなイメージです。人間は、歌っていると健康を保てるのでは……とも考えています。
そして、そばにいる子どもの健康も育むのです。

スマホの動画で子どもの気を紛らわせないでください

いつもお父さんやお母さんの手元にある「大事なもの」が、子どもは大好き。お財布に、家や車の鍵、そして何といってもスマートフォン！

子どもの前でいじっていると、のぞき込んで「見せて、見せて」と言ってきます。動画を見せると、ぐずっていた子もあっという間に夢中になってしまうので、便利な子育てグッズにしているお母さんも増えています。

「子どもってスマホが好きだよね」、そう言って、おもちゃがわりについ動画を見せたりして間を持たせること、あるのではないでしょうか。おむつ替えを嫌がるときにスマホを見せておとなしくさせるための「スマホホルダー」なるものもあるそうです。

小さな子どもは、画面に映る動画のあれこれを、大人のように情報として受

け取り面白がっているわけではありません。スマホに限らず、パソコンにしろ、テレビにしろ、画面から洪水のように流れてくる映像と音声の刺激は、子どもが今そこにいる現実とは無関係で脈絡がありません。しかしその強い刺激を、子どもたちの感覚はスポンジのように吸い込んでいきます。

画面に釘付けの子どもは、微動だにしませんよね。視線も固定され、呼吸も浅くなっています。

小さな子どもにとって、「今ここ」に居続けることがいちばんの安心であり学習です。

「今ここ」とはリアルな世界のことです。身体で経験するリアルな感覚体験を必要としています。子どもこそ、「リア充（リアルが充実していること）」が大事なのです。

子どもはフォトジェニック！　でも、カメラで子どもを切り取らないで

スマートフォンが普及して、高性能のカメラをいつでも誰でも持ち歩けるようになりました。かわいい子どもの遊ぶ様子はどこを切り取っても絵になりますし、今までできなかったことができるようになった感動は、動画に収めてお父さんや遠く離れたおじいちゃん、おばあちゃんにも見せてあげたい。ついでにSNSにもあげたい。ついつい、子どもにカメラを向ける回数が増えがちです。

でも、いつもカメラを向けられている子どもたちはどうでしょう。常に自分を意識させられてしまうと、遊びに夢中になれなかったり、自意識を過剰に刺激されたりしてしまいます。まるでテレビの子役のように。

私が幼児だった1970年代は、カセットテープが出回り、音声を家庭で簡単に録音できるようになった時代でした。母が記念にと誕生日会の様子をカ

セットテープに録音したことがありましたが、それを聞いたとき、自分の声にギョッとしたものです。自分が自分の声として認識していたものを、外側から聞いたときに非常に違和感を持ったのです。恥ずかしいような、ちょっと気持ち悪いような。

今は、声ばかりでなく、動く自分さえビデオで簡単に見られるようになってしまいましたが、小さな子どもにはまだ動く自分を外側から客観的に見ることは刺激が強すぎます。

たとえば、みんなで楽しいピクニックに行き、そこでいろんなおいしいものを食べたり、遊んだりしたとします。そのまま帰れば、その楽しかった記憶は、その子自身の**感覚体験の記憶**として残りますが、そのピクニックの様子を動画で撮っていたものをその場で見せてしまうと、その子の記憶は、ビデオの中の動画の映像に取って代わられてしまうのです。

その子自身が体験から培《つちか》う**内的な記憶**を大切にしてあげましょう。幸せな記憶はささやかなものでも、その子を一生支える無意識の力になってくれるはずです。

おしゃべりは始まったけど、言葉の通りに受け取るのはまだ早い

子どもが話し始めると、今までは大人からの一方通行だった会話にやりとりが生まれ、コミュニケーションの幅が広がり、うれしいものです。

特に、お母さんよりもお父さんのほうが言葉のないコミュニケーションには慣れていないことが多いですから、子どもが話し始めると、さあやっとお父さんの出番だと張り切って、色々とやり取りを楽しみます。

ただ、ここで気をつけていただきたいのは、子どもが話し始めたからといって、急にそこで言葉を伴った論理的思考ができるようになったわけではないということです。子どもはまだ、大人の真似っこ（模倣）を通して言葉を口にすることができるようになったばかりです。

何を言いたいかと申しますと、話し始めたばかりの子どもの問いかけに「理

屈」で答えたり、子どもの言葉での要求に、その通りに応えようとしたりすることは、決して「誠実な対応」とは言えないということです。

「どうして雨が降るの？」という質問に、お父さんは張り切って図鑑や動画を持ち出して説明したがるかもしれません。まだ2歳の我が子に「科学的洞察」の欲求があるのかと感動するかもしれません。

しかし、実のところ子どもは、本当に雨が降ることの科学的根拠を知りたいわけではないのです。そうではなくて、知りたいのは**「目的」**です。2歳の子が自身の**暮らしの中で把握できるつながりの中での**、です。そうすれば自ずとより良い答え方が見つかるでしょう。

「畑の野菜も木も花も元気に育つようにだよ」

そんな風に答えてあげると、子どもは安心して納得します。早々と科学的な説明をすることは、子どもたちの世界と親しみをもってつながりたい欲求を失わせてしまいます。

「遊ぶ」とは大人の「真似」から――お手伝いしている「気分」を味わわせる

子どもが2歳くらいになったら、「お手伝い」をさせてあげましょう。

「お手伝い」はしてもらうものではなく、させてあげるものです。何をやらせても、時間も手間も余計にかかりますが、遊ぶ力の土台は、大人の暮らしの場面の真似っこ（模倣）から始まります。この年齢になると、その模倣欲求が一気に増えてきます。

おもちゃよりも、お母さんが手にしている「本物の」お玉やフライ返しを欲しがります。積み木を指で繰り返しこすっているので何をしているのだろうとよく見てみると、スマートフォンの画面をスクロールしている模倣だったりします。

子どもの意欲を尊重したいとはいえ、小さな子どもと過ごす日常はやることがたくさんで、余裕のないことばかり。でも、だからといってすぐにテレビやスマホに子守を頼んではいけません。子どもを不自然にじっとさせておくと、心身の発達を阻害します

「お手伝い」の最初のステップはこんな感じです。

台所に立つときは、捨てるはずだったキャベツの外側の葉一枚とボウルを渡し床でちぎらせます。黙々とちぎるでしょう。ひっくり返したり、散らかしたりするでしょうが、構いません。気になるなら「○○ちゃんのお台所はここですよ」と言いながら、新聞紙や汚れてもよいシートを敷いてあげると、子どもは喜びます（エリアを作ってもらうことは、子どもにとって常に喜びです）。

もちろん、床のホコリにまみれたキャベツは、料理に使うことはできません。でも、「これは今日のお味噌汁に入れましょうね」と言ってあげても、決して罪のある嘘でもなければ、子どもに対して不誠実にもならないので、安心してください。ただ、味噌汁には、あなたが切った清潔なキャベツを忘れずに入れてあげましょう。

そして食事のときには、「今日一緒に切ったキャベツ、おいしいね」と言うのです。ここが大事なところです。

洗濯物を干すときも、いつも干す場所に子どもに適した高さでロープを一本渡しておき、ハンカチ数枚と洗濯ばさみを用意しておけば、しばらくお手伝いをしている気分を味わいながら遊べます。

子どもたちも、**家族の一員として早く暮らしに「参加」したい**のです。それは、地球にやってきた新しいメンバーとして、早くみんなと一緒に平和な暮らしを営みたいという、すべての子どもが持つ本能的な欲求でもあります。大切に育てましょう。

「空腹感」を覚える機会を取り上げていませんか

2歳くらいの子どものお母さん方の悩みベスト3に入るものとして「遊び食い」「集中して食べない」「食べたがらない」があるのではないでしょうか。なんでも興味を持って食べたがったときを経て、いまや2歳の子どもたちは、食べること以外に様々な興味関心が広がっています。できることも増えて、一瞬たりともじっとしていません。子どものためにと栄養と彩りを考えて作ったご飯を、いじり回して遊んだ挙句に、一つも口に入れない。さっさと遊び始める。こうした姿に悩んでいるお母さんは、数多いのです。

解決法は、もちろんケースバイケースなのですが、よくよく聞くと、間食が過剰になっているのです。空腹を覚える間もなく欲しがれば与えている場合があります。パンでも、おせんべいでも、牛乳やオレンジジュースといった飲み物であっても、「それなら食べる」というお気に入りのものがあり、「お腹が空いた」と子どもが言うと、慌てて出してしまうのです。

母性本能というのでしょうか、子どもに「お腹が空いた」と言われるとつい反射的に食べるものを出してしまいがちです。人類の歴史は飢えとの闘いの歴史でもありますから、そういった気持ちは遺伝子レベルで刷り込まれているのかもしれませんね。

でも、ふと気づくと私たち自身もお腹がグーッと鳴るほどに空腹になる機会が少なくなっているのではないでしょうか。現代はいつでもどこでも手軽に食べ物が手に入る状況なので、一昔前よりも空腹に耐える時間を持つ機会が減っています。大人でも「ちょい食べ」が癖になっていて、一日三食のリズムを保つのが難しくなっていたり、それでダイエットが必要になったりしています。

子どもたちの在りようは、いつの時代も大人たちの生きる社会を反映しています。「常に食べるものがある」社会で育つ子どもたちにとって、適当な空腹感を味わって、食事への意欲を膨らます機会が減っているのです。

ごはんをおいしく食べる何よりの条件は、適度な空腹です。どんなにおいしいごちそうも、お腹に何かが入っていると、そのおいしさは半減してしまうことを、私たちはよく知っています。

空腹感はとても大事な感覚で、自分の中の体調を感じ取る感覚の根っこにあります。ここが麻痺していると、成長したときに「ちょっと疲れているな」「寝起きがスッキリしない」「なんか身体が重く感じる」といったような、自分の体調の異変を感じ取る力が失われていくのです。

「お腹が空いた！」と子どもたちが言い出したら、「ご飯までちょっと待っててね」と待たせてみましょう。そして、いざご飯というときには、大人も落ち着いて一緒に席に着き、「いただきます」と手を合わせていただきましょう。

食事が始まったら、大人も食べることをしっかり味わって楽しみます。子どもの脇に立って、あれこれと口出しをして子どもの食事の仕方に関心を持ちすぎないように。子どもは大人の在りようを無意識に真似ますから、大人が十分な空腹のもとにおいしそうに食べる姿は、それだけで食欲を目覚めさせます。

ちなみに「いただきます」の前に小さな歌を歌ったり、食前のお祈りをしたりする習慣は子どもの食事への集中を高めます。お祈りは宗教的なものではなくても、その実りに感謝するものであれば、どんなものでも良いと思います。園ではこんなお祈りをしています。

大地がこれらをもたらしました
太陽がそれを実らせました
愛する太陽　愛する大地
私たちは決して忘れません

こうした小さなお祈りは、「食べること」そのものが私たちの命をつなぎ、育むのに欠かせぬものであるという、現代では忘れがちなことを、私たち大人自身にも思い出させてくれます。

土に触れる遊びに慣れさせる。自然に嫌悪感を抱かないように

子どもが歩き出すようになったら、外に連れ出しましょう。毎日、少なくとも1時間は外遊びの時間が欲しいのです。不要な紫外線は帽子などで避けつつも、日光は子どものからだにとって欠かせぬものです。

そして、土に触れて遊ぶことが何より大事です。人間は土に触れて、身体の免疫系を充実させ、触覚も平衡感覚も運動感覚も育んでいきます。アスファルトの上や何らかの舗装されたところを歩くのと、むき出しの地面を歩くのとでは、足裏から得る情報、からだに求められるバランスは全く違ってきます。

私は、子どもたちと散歩するとき、なるたけでこぼこのむき出しの地面があるところを選んでいます。園庭も子どもたちに自由に掘らせて、その凸凹を直すこともしません。でこぼこを歩くことだけで、体操教室に通わせるよりよほ

ど自然に平衡感覚も、運動感覚も育っていくのです。

土のあるところを探しましょう。都会に住んでいても、その気になって探せば、自然の気配の残る公園や川沿いの緑地帯などを見つけることができます。マンションの植え込みですら、アリが棲んでいたり、蝶が飛んできたりと、そこに小さな自然界を見出すことができます。

身近にある自然とアクセスできるポイントを探しましょう。小さなうちから無理をして田舎に連れて行ったり、キャンプに連れて行ったりする必要はありません。家の周囲の身近な自然に触れていることが大事なのです。

私の園の親子クラスでは2歳児から親子で外遊びをする時間があります。この時間が子どもたちは大好きで、園庭で砂遊びをすることを楽しみに来ていると言っても過言ではありません。

マンションの高層階に住んでいる子どもたちは、時に外遊びをとても嫌がることがあります。戸外の気温差、吹く風、砂や土が手に触れる感触……こういったものに慣れていないと、その子のからだ自体が外の気配にすくんでしまい、まさに「手も足も出ない」状態になるのです。「おうちに入りたい……」とすぐ言い出します。

こういうとき、子どもたちに対して、外で遊ぶことを無理強いしてはいけません。少しずつ慣れさせていきましょう。まずは日々のお散歩を楽しむようにします。目的のない「ブラブラ散歩」です。大人はいつでも目的地へと急ぐものですが、子どもと一緒の道は、いかに歩くのに時間をかけられるかというところが大事だったりします。

お店の脇に植えられたお花を愛で、そこに飛んできたてんとう虫を観察し、向こうからやってくる散歩中の犬に声をかけます。ふと視線を上にあげれば、春ならツバメが巣を作っているのが見つかるかもしれませんし、秋ならトンボがくっついて飛んでいるのを目にすることができるかもしれません。

こうして暮らしの中で少しずつ自然界に身を開くようにしていると、自ずと子どもたちは自ら土を触り出します。人類の長い歴史の中で、私たちは土と戯《たわむ》れて育ってきました。それは現代においても変わらずに必要な遊びなのです。

家の鍵と財布とスマホは子どもに勝手に触らせない

子どもは大人が大事にしているものをよく触りたがります。お家の鍵束であったり、お財布であったり、スマートフォンであったり。これらは大人にとっても「貴重品」の部類であり、容易に他人に触らせるものではありませんね。だとしたら、たとえ我が子であっても触れさせてはいけないのです。

失くされたら困るから？　それはもちろんそうですが、もっと大事なことは子どもが小さいうちから世の中には「越えてはいけない一線」があるということをしっかりと伝えていかなければいけないからです。それはつまり、**目に見えない「境界」**のことです。

おじいちゃんのお家の床の間に飾ってある立派な壺。

幼稚園の教室の棚の上にある、先生が時々弾いてくれる楽器。
お父さんが趣味で作っている飛行機の模型。

これらはすべて、小さな子どもが勝手にいじってよいものではありません。子どもに触れられて困るものは、子どもの手の届かないところに置くとか、子どもの出入りしない場所に置くというのが鉄則です。子どもは大人の模倣をする生き物ですから、大人がさぞ大事そうにしているものは自分も触ってみたくなるものなのです。しかし、手が届かなければ、幼児は無理してまで手を伸ばそうとは滅多なことではしません。

しかし、子どものいる場所に無造作に置いておけば、子どもはそれを触っていけないものだとは認識せずに、いじり始めてしまいます。

そういうときに「触っちゃダメよ。壊れるから」とか「触ったら怒られるよ」といった声がけは全く意味をなしません。**子どもは言葉で聞いたことを頭で納得して自分の行動を抑制するということはできない**のです（それができるようになるのは早くても8、9歳を過ぎてからでしょう）。

子どもにとって唯一理解できるのは、「行動で示す」ことです。
触《ふれ》られたくないものは子どもの触れられるところや目にするところに置かない、触れようとしたら、静かに優しく、しかしきっぱりと「これは子どもの触るものではありません」と伝えることです。

こうした態度を日常の中で繰り返すことは、子どもが衝動のままに好き放題に動き回り、大人がそれを追いかけ回して尻拭いをしていくという悪循環の関係に陥るのを避けてくれます。

そして、子どもは自然とこの世の中には、見えないけれど越えてはいけない一線があるということをからだを通して察します。それは自分自身と外の世界を明確に分ける「境界」があるということを子ども自身が知ることであり、この**「境界」がしっかりと身についた子どもは世界や他人との距離感を適切につかめる**ようになるのです。

「子どもの自主性を大事にしたい」あまりに、子どもが衝動的にやりたいことをなんでもかんでもさせるがままにしておくと、子どもはこの世界でどこを探索しても「のれんに腕押し」のような状態で、「境界」が見出せずフラストレーションが溜まります。

大人の言うことを聞かないわがまま放題の子どもが、好きにさせればさせるほど癇癪《かんしゃく》を起こし、泣きわめくのが止まらなくなる状態です。

子どもは、大人に境界を示してほしいのです。ここまではあなたの場所だよ、ここから先は大人の場所だよ、という境界をはっきり示してもらえると、子どもはそこに守られる場所があることを直感し、内的な安心感を自ら得られるのです。

第2章

幼児期（3〜6歳）
からだをつくる縄文時代
生きる根っこの力を育てる

幼児期は、ひとことで言うと縄文時代です。

縄文時代とは「いのちはみんなつながっている」という世界。

いわゆるアニミズムの中に生きている感覚です。

花にも石にも空にも星にもいのちがあり、心があって、子ども自身もそこに向かって心も体も開きっぱなしの状態です。

幼児期の子どもたちを理解するキーワードは「オープンマインド＆オープンボディ」。

おしゃべりも達者になっていき、大人の真似をして智恵のあることも言ったりやったりしますが、まだまだデジタルな大人の世界からは遠い存在であることが、子どもたちの成長にとって価値のある時代です。

この時期の子どもたちに必要なのは、何よりも人との関わり、愛情に基づくやりとりです。

世界への信頼、人に対する信用の根っこを育むのです。こうしたことは、バーチャルな世界からは何ひとつ学び得ません。

大事なことは、リアル、リアル、リアルです。

「どっちがいい？」となんでも聞いていませんか

子どもの自主性を大事にしたい。そんな思いから、つい大人は子どもになんでも聞いてしまいがち。

「お水とお茶、どっちがいい？」
「ピンクの靴と赤い靴、どっちがいい？」
「スパゲッティとハンバーグ、どっちがいい？」

でも、ちょっと待ってください！

「選ぶ」って実は小さな子どもには難しいんです。○○がいい、○○が好き、と思う主体となる「自意識」がまだ目覚めていないからです。

学校に上がるまでは、「自意識」をぼんやりさせてあげたい時期です。「どれがいいの？」「何をしたいの？」と早々に目覚めさせてしまうと、からだと精神の発達に追いついていない未熟な自我意識に、幼い頃から本人が悩まされることになります。子どもらしくない子ども、と言われるような無邪気になれない生きづらさを感じさせてしまいます。

幼児時代は、いわば縄文時代。「自分は自分」「自分らしさ」といったオリジナリティのある個の意識ではなく、「みんなの中に自分がいて、自分の中にみんながいる」というアニミズム的世界観の中で生きています。

そして、自分を守ってくれる親や先生はまるで「神さま」のように、絶対的な信頼を寄せている大人です。

ですから、子どもたちにとって今必要なものは、ぜーんぶお母さんが知っているよ、先生はわかっているよ、という態度こそが、幼い子どもたちを安心させ、世界への信頼を強めて、生きる根っこを太らせます。

「ご飯のときはお茶にしようね」

「○○ちゃんには、ピンクの靴がよく似合うよ」
「今夜はスパゲッティよ。とってもおいしいのを作ってあげるね」

そんな風に、迷わずにどーんと、子どもたちを導いてあげてください。何かの選択を迫るのは急ぎすぎです。そして、未熟な自我にむやみに選ばせてばかりいると、いらぬこだわりやわがままを生み出してしまい、子ども自身が苦労します。

特に気をつけなければいけないのは、選ばせた後で選んだものを気に入らなくなったりしたとき。「自分で選んだんでしょ」と、突き放すようなセリフを大人は言いがちです。

子育てにおいて責任は常に、大人の側にあることを忘れてはいけません。

子どもを物のように動かしたり触ったりしないで

私の園では毎日、お帰りの時間にみんなで椅子に座り、まるく集います。

そのとき、どの子の顔もよく見えるようにと、バランスよく椅子をまるく並べるのは大人の仕事です。しかし、ややもするとまるくするのに夢中になり、子どもを椅子ごと不意に動かしがちです。普段、子どもにていねいに接するように気をつけていても、大人がついそんな風に振る舞ってしまうのは、「椅子をまるく並べる」といった「目的」が先立ってしまうからです。

「動かすから立ってね」「ここまで下がれるかな?」と声をかけてから動かすのと、突然黙って後ろから椅子を引くのとでは、椅子に座っている子どもは感じるものが大きく変わってきます。物のように扱われていると感じるのです。

私たちもやがて年老いて介護を受ける身になったときに、同じように扱われ

たらと想像すると、子どもの気持ちが容易に想像できます。人間として尊厳を持って接しているかどうかというのは、言葉よりもずっと、こうした日常の些細な行動に現れてくるものです。

子どもを本当に一人の人間として尊重しようとするならば、子どもの衝動をなすがままにさせたり、かける言葉を選ぶことよりもまず、こうした子どものからだに触れる自分の手の動きそのものが乱暴になっていないか気をつけてみましょう。

「目は口ほどにものを言う」という諺がありますが、**子どもにとっては「手は口ほどにものを言う」とも言えるのです。**

子どもは全身が感覚器官です。大人が子どもに触れるその手の置き方ひとつを深い感覚で受け止めています。

悲しみの底にいるときに、人はどんな慰めの言葉よりも、その背中に置かれた静かな掌《てのひら》により深く癒されることがあるものです。

叩いたり殴ったりといったあからさまな暴力じゃなくても、**物のように子ど**

もを扱ったり、乱暴に触れたりすることを「マイクロバイオレンス」と言います。どんなに笑顔で親しみのある声がけをしていても、その大人の子どもへの触れ方が粗雑であったり、敬意を払ったものでないと、それは静かな暴力として伝わりますし、表面では優しそうに装っているけれど、中身は冷たい人間であると子どもが感じることになります。そして、自分を尊重してもらっているという感覚が持ちにくくなるのです。

日本には「手当て」という言葉がありますが、本来、手を当てることは癒すことそのものを意味しました。子どもが泣いたときはそっと膝に引き寄せ、あなたの温かな手を背中に当ててあげましょう。十の言葉をかけるより、あなたの愛が深く伝わるはずです。

挨拶をさせることよりも、挨拶しているところを見せ続ける

園では、朝登園してすぐに「おはようございます」を言うことを求めません。玄関を開けて、靴を脱ぐのももどかしく入ってくる子、登園用のリュックを投げ出したままの子、ぼんやりとしばし玄関に立ち尽くし、幼稚園の空気をいっぱいに吸い込んでからやっと上がってくる子……と様々です。

私はといえば糸を紡《つむ》いだり、雑巾を縫ったりと手仕事をしながら、あまり余計な言葉はかけずに、一人ひとりが園の中に入ってくるのを見守ります。

子どもはそれぞれのペースで身支度を済ませ、手洗いをすませると教室に3人いる先生のところにそれぞれにやってきます。

教師は、子どもの両手をとって静かに「○○くん（ちゃん）、おはようござ

います」と言葉をかけます。子どもはそれを繰り返すように「○○せんせい、おはようございます」と言い終えると、小鳥のように遊びへと飛んでいきます。

あいさつは、本来喜びです。この朝のあいさつは、みんな大好きです。あいさつそのものが生きたコミュニケーションとして形骸化《けいがいか》していないからでしょう。私たち教師も同じことを繰り返しているのに、毎朝一人ひとりと大切な儀式を交わしているような尊い感動を覚えます。非常に深い体験で、仕事へのやる気も満ち溢れてきます。

親子クラスに来るお母さん方はよく、まだ就園前の小さな子どもに「ほら、あいさつは？」「練習してきたじゃない、できるよね」と促《うなが》しがちです。「あいさつはちゃんとできるように育てたい」と思ってらっしゃる方が多く、それは素晴らしいことなのですが、だとすれば、はじめからあいさつを形骸化してしまうような働きかけはおすすめできません。

子どもは、大人の在りようそのものを模倣する存在です。「あいさつをする」ことの本当の意味よりも、「あいさつができる子」であることを求めていると、口では「おはようございます」と言っても、そこに心は伴わない姿を見せているかもしれません。

幼児は誰かに出会ったとき、どこかにお邪魔したとき、その場の印象や空気を吸い込んでいっぱいになってしまいます。車の中までは威勢がよかったのに、いざ訪問場所に着くと急にお母さんのスカートの陰に隠れたがったりするのはそのためです。

次第に場を客観的に捉えられるようになると、自然とあいさつはできるようになります。それまでは、**あいさつは強要するものではなく、大人から子どもへのギフト**であると思い、あいさつすることそのものを、ていねいに楽しんでいきましょう。家族同士の「おはよう」が温かみを持って交わせるようにしましょう。

おむつをしているうちは、おむつが外れません

3歳を過ぎてもおむつが外れない子が珍しくなくなりました。幼稚園の先生たちは、年少さんで入園してくる子どもの中に、毎年数名そういった子たちがいるので大変そうです。

私の園では、入園するときに子どもの面接は行いませんが「おむつが外れていること」は大切な条件としています。それはお世話をするのが大変だから、という理由ではありません。**子どもにとって、自分自身の排泄の感覚がまだわからずにいる心とからだは、集団生活ができる準備が整っていない状況と考えているからです。**

今はすっかり吸収性の良い高機能の紙おむつが出回り、長時間着用していても子ども自身が不快でないために、トイレットトレーニングをする機会をつい

先延ばしにしてしまうことも多くなっているようですが、自分がいつおしっこをしたいのか、うんちがしたくなるのかを感じ取り、排泄することができるというのは、人間の発達の大きなステップです。

私は前にもみなさんに年老いたときのことを想像していただきましたが、いよいよ認知症を発症したとして、排泄の感覚というものを手放すのはかなり症状が進行したときだと覚悟せざるを得ません。そのくらい排泄の自立は自我を支える土台の感覚として結びついています。

3歳を過ぎて、よく食べ、よく走り、よくしゃべる子どものお尻周りだけが赤ちゃんのまま垂れ流しの状態であるということは、発達のバランスが不自然であるのを示しています。

こうした子がテレビを見たり、習い事などを通して知的な働きかけを早々に受けることにより、根っこはぐらぐらなのに、頭だけが肥大した成長のバランスの悪さを表していることがあります。成長の順番は下から上へ、です。成長のステップに付き合って大人がガイドしてあげましょう。

ウガンダの子どもは、赤ちゃんのときから一切オムツをしないという話を聞いたことがあります。赤ちゃんがおしっこが出そうなときを察して、母親が外に連れ出すのです。西洋の研究者が「あなたはどうして赤ん坊の排尿のタイミングがわかるのか？」と質問したところ、そのウガンダのお母さんは不思議そうな顔をして「あなたは自分がおしっこしたいときがわからないの？」と聞いたそうです。

子どもとお母さんは生まれて1年ほどは、より濃密に心もからだもつながっています。赤ちゃんの排尿のタイミングを感じ取ることができるのは、本来は自然のことなのかもしれません。

最近では「おむつなし育児」といった方法で、赤ちゃんの頃からおまるにさせることを習慣づけることで、おむつの期間を短くしようと働きかけるお母さん方もいます。これは単におむつを早く取りたいということだけではなく、ウガンダのお母さんのように、子どもの排泄の感覚に注意深く寄り添うことで、子どもとの本質的なコミュニケーションを深めたいという意図もあるようです。

「トイレットトレーニング」という言葉は、お母さんたちの心のハードルを高くしているのかもしれませんが、受験のように「いつから取り組もう？」と身構えるようなものではないのです。経験的には、お尻を出すのが寒くない季節は、おむつが外れやすく、おすすめです。

子どものタイミングを見計らう必要もあります。家庭の中に何か不安なことがあったり、いつもと違う状況が見られる間は、なかなか成功しないかもしれません。

また、トイレですることに成功したときに、ぎょうぎょうしく褒めたりするのも逆効果です。何か特別難しいことに挑戦しているような印象を与えます。排泄は自然な行為ですから、その結果を評価して強く印象づけたりしないほうが良いのです。成功しても、失敗しても、とりわけ褒めもけなしもしないのが早道です。

キャラクターグッズを欲しがるままに与えていると…

　キャラクターは子どもが飛びつくように計算して作られているので、子どもが気に入るのは当たり前。買えば買うほど、もっと欲しくなるように作られています。

「○○が付いてないとイヤ！」と、子どもの要らぬこだわりを増やすのです。それって、自由ではないですよね。むしろ不自由さを作り出しています。

　水が飲みたい！　というときに、キャラクターの付いているコップにこだわってしまう。お風呂上がりにパンツをはくとき、どのパンツがいいかでゴネてしまう。キャラクターは、子どもに集中して取り組ませたい生活場面で、いちいち邪魔してしまうのです。

保育現場では、アンパンマンなどのキャラクターの顔がどーんと胸に描いてあるエプロンを身につけている先生を見かけます。

「子どもが喜ぶから」なのでしょうが、子どもからすると、大好きな先生に抱っこされているのか、アンパンマンに抱っこされているのか、よくわからなくなってしまいます。

「わからなくなるわけはないでしょう」と思われるかもしれませんが、**この頃の子どもは、感覚器官が世界に向けてすっかり開かれています。**大人のように、取捨選択できません。**見るもの、聞くもの、触るものすべて、その印象がダイレクトに自分の中に入ってくるのが幼児の特徴**です。


スーパーの売り場で繰り返し流れていたコマーシャルソングを、家に帰ってから際限なく歌い続けたりするのは、その歌が「気に入ったから」ではありません。その歌が子どもの中にすっかり取り込まれてしまったからです。

あちこちにキャラクターが蔓延していると、そのキャラクターの生み出す世界観も含めて自分の感性の中に取り込んでいきます。そうした商業的に生み出された感性がしみ込んでしまうと、本来誰しもが持っているその人なりの美意識に基づく、芸術的な感性の芽も侵されていってしまうのです。

芸術的感性は、アートの分野だけで発揮されるのではありません。その人なりの世界の捉え方、人との付き合い方、生き方そのものに影響する大事な感性です。こうした感性が蓋をされたまま、大人になって「個性」や「自分らしさ」を求められるのは、とても辛いことになるでしょう。

幼児期の感性が受ける影響は、一生にわたるのです。

「広くて大きい」場所で子どもはのびのびできるか

時折、私の園とは正反対のとても大きな園から転園してくる子がいます。森のように広い園庭があったり、野山を駆け巡る保育が目玉のはずなのに、なぜかのびのび遊びきれずに、園に行きたがらず、転園先を探してきたというのです。

私の園でも月に一度、大きな森の中で過ごす日がありますが、一緒に森に出かけても、おっかなびっくりで体が動きません。子どもというのは、広いところにただ放しておけば、のびのび遊ぶというものではないのです。

その子自身が、周囲の大人にしっかり見守られ、自分という存在が認められているという安心感があってこそ、広い場所でも自分を見失わずにのびのび羽を広げられます。

広い園庭や園舎があるのに、何だか我が子がのびのびできていないように感じられたら、もしかするとそういった大人の見守る視線をもっと必要としているのかもしれません。

子どもたちが広い園庭を走り回っているのは「子どもらしく元気に遊んでいる」微笑ましい様子ではありますが、保育する側はつい「安全確認」ばかりに気を取られがちです。子どもの頭数を数えて「よし、オッケー、全員無事にいる」となるわけです。どんな表情で何をして遊んでいるのか、一人ひとりが過ごしている「今」を感じる余裕がなくなってしまいます。

子どもはよく「先生、見てて！」「お母さん、見てた？」と言いますね。子どもはいつだって「見ていてほしい」のです。つきっきりで遊び相手をしなくても、「すごいね！　できたね！」などといつも言葉で励まし続けなくても大丈夫です。そばにいる大人はいつも自分を見守ってくれていると感じられれば、子どもは満たされます。

そして、子どもたちは本来、広いところよりも狭いところを好みます。子ども時代、押し入れがお気に入りの遊び場だったという方も多いでしょう。薄暗く、ほの温かくて、包まれるような場所です。幼児の部屋の色は、男女にかかわらず「ピンク」が適しています。ピンクは、温かな血液で包まれたお母さんの温かな子宮の色です。ピンクに包まれていると、子どもたちはそれだけで落ち着き、安心するのです。

この時期の子どもたちにとって必要なのは、「面積的な広がり」よりも「時間軸の広がり」です。

「時間軸の広がり」ってなんでしょう。

子どもが内的に感じられる「時間の空間」に余裕を作ることです。幼児期が縄文時代であるなら、時刻やカレンダーを物差しにする暮らしはまだ馴染みません。「時計の針が12になったらお部屋に入るよ」と時刻を持ち出して遊びを区切ったら、子どもの時間の空間は窮屈になります。

昨日から必死にシャベルで穴を掘り続けている男の子、今日は土の中から大きな石を掘り出すことに成功し、目がキラキラしています。「明日はもっと掘りたい！」と言って、穴をそのままにしてもらえるなら、それだけで明日という「未来」への希望が湧き起こります。

人間の生きる根っこの力は、大人は見落としがちなこんな「ささやかなこと」から育まれていきます。

私の園はとても小さく、当初は園庭もありませんでした。そのことが私も気がかりで、近くの公園や森をだいぶ活用しました。その後、ご縁あって隣接地に小さな園庭を持つことができましたが、それは私がかつて勤めていた園の数分の一といった小さなものです。

面積的には小さい園庭ですが、そこで過ごす時間はまさに広がりがあります。砂場の山や穴はもちろん、おままごとで作ったケーキも、砂をふるい続け丹精込めて集めた「サラサラ」の極上砂も、お庭のどこかに隠してあったりします。小さな畑や花壇には様々な野菜や果樹、草花があり、季節の移ろいとともに表情をどんどん変えていきます。子どもたちはその小さな園庭で、時間軸を広げて心ゆくまで遊ぶことができ、そして月に一度の森へ行く日は、その広大な森の中でも不安にならずに思い切り遊んだり、頑張って山道を歩き切ったりできるのです。

園庭を持たない時代の卒園生たちも、中高生になって運動部の部長を務めたり、スポーツ推薦で進学したりしています。純粋に外遊びに「打ち込める」時間軸の広がりを味わいながら暮らせることのほうが、本当に「のびのび」している、といえましょう。

遠くの遊園地やテーマパークより近所の公園へ

ちょっとした遠出ができるような年齢になると、休日はどんな風に楽しく過ごそうか、どんな体験をさせてあげようかと悩まれることも多いでしょう。

動物園に水族館、遊園地やテーマパークをはじめ様々なレジャー施設や子連れ歓迎のイベントがあちこちにあります。

色々な経験をさせることで、子どもの興味や関心を引き出し、得意なことや好きなことを見つけてあげたい、と思う親心。

でも、本当に子どもが楽しい場所は、いつもの近所の公園の砂場かもしれません。なぜなら、知っている場所、知っている顔ぶれ、繰り返す遊びは子どもにとって「知っている」という安心と自信となり、そこから初めて、自分らしい遊びを生み出す余裕が出てくるからです。大人も馴染みの店や場所でこそ、

自分らしく振る舞えることってありますね。

いつも行ったことのない、見たことのない初めての場所にばかり出かけていると、初めての場を把握し、刺激を消化しようとするだけで、子どもの感覚はいっぱいになります。緊張もしますし、そういった場での体験はいわば「受け身」です。

多くの新しい「体験」よりも、「いつもの経験」の積み重ねに価値があります。

幼児期に培《つちか》いたいのは、受け身ではなく、能動的に人生を生き抜く意志の力。見るもの聞くものすべてが珍しいのが新鮮で面白いと感じるのは、世界をもう少し知った後の話なのです。

あれこれ言うより、小さなひとことが、響きます

小さな子どもって、あれこれと言葉を多くかけすぎると大事なことが伝わりません。本当に伝えたいことは、大声よりも、その子の耳元で小さな声で囁くほうが伝わるんです。

注意したいときは、「どうしてそんなことをするの！」と怒鳴るより、「○○したらよかったね」とか「○○していいよ」と、あってほしい姿を具体的に静かに伝えるほうが伝わります。

「何回言ってもわからないんです」と悩まれるお母さんは多いですが、子どもには「繰り返し」と「根気よく」が大原則だと思ってください。一回でわかってもらおうとするのは無理です。

「わかった？」と大人はついつい確認しがちですが、だいぶ子どもが大きくなっ

ても、「この前わかったって言ったじゃない！」という場面は、残念ながら繰り返されます（笑）。子どもは、岩に水が染み入るように、少しずつ、繰り返しの中で理解していく（わかっていく）のです。

あるとき、2歳の親子クラスに通うお母さんからこんなメールをいただきました。

――今朝、T子が目を覚ましていちばんに、

「きのう、みきこ先生が言ってくれたこと、パパにも教えてあげなきゃ！」

と言って、さっと父親のもとに駆け寄り、

「パパ、きのうね、みきこ先生がTちゃんに、また来てね、って言ってくれたんだよ」といきいきと話しました。

その姿や口調から、彼女にとって親子クラスの時間が、とても大切なものだったことを改めて感じ、少しばかり涙ぐんでしまいました。――

「また来てね」と伝えたのは、帰りのお集まりの時間です。一人ひとりお名前

を呼んで抱っこして、さようならのごあいさつをします。そのときに、そっと耳元で囁くのです。小さな小さな言葉です。でも、子どもにとってはこのひと言が、こんなにも大きな喜びになるのです。

私たちが子どもたちにあげられる宝物があるとしたら、きっとこんな形のないものばかりなのではないかと、思います。

子どもに話しかけられたらすぐにスマホを置いて～ママゾンビにならないように

電車に乗り込むと、今や老若男女みんな下を向いて無言でスマホをいじっています。車窓から外の景色を眺めるような人はすっかり珍しくなってしまいました。

自分の心の中を感じたり、つれづれに考えを巡らしたりするより、ネット上でのやりとりをつい優先してしまう。私もスマホを持つようになって、だいぶそんな時間が増えてしまったと思います。

子ども時代に大人のこんな風景を目にしていたら、世界の印象もだいぶ変わっていたでしょう。東京の混んだ駅では、他人の様子に無関心な人が増えています。具合が悪くて座り込んだり、ベビーカーを持ち上げられずに途方に暮れているお母さんがそばにいたりしても、みんなスマホに夢中で気づかない。

からだはそこに集まっていても、その場の「リアル」を共有せずに、それぞれがバーチャルの「個」の空間に入り込んでいる時代は、子どもたちにとって無意識の領域に戸惑いを生み出しています。

子どもは、お母さんがスマホに夢中になっているのが嫌いです。

どうしてでしょう。

かまってもらえないから？

いいえ、きっとお母さんがお料理や洗濯や他の仕事で忙しくしているのであれば、きっと気にはならないはずです。お母さんがスマホに夢中になっていると不安になったり寂しくなったり、イライラしたりするのは、お母さんのからだは確かに同じ空間にあるのに、意識だけが「ここにいない」からです。

スマホによる幽体離脱？　それとも生きた屍《しかばね》のママゾンビ？

おどろおどろしい言葉を並べてしまいましたが、子どもたちはそのくらい生命力を失った大人の気配を感じているのです。生命って、今ここに、息づくものですからね。**成長の真っ只中にいる子どもたちは、周囲からの生命力をたく**

さん必要としています。だから、自然と親しむのが大事ですし、関わる大人がいきいきとしていることが、とても大事なのです。

保育士や幼稚園の教師が疲れ切っていたら、お世話をするだけのロボットと変わらない存在になってしまいます。私は自分が教師としていつも元気でいられるよう、しっかり食べて、自然とふれあい、心を穏やかにして、よく眠る、ということを大事にしています。自分の健やかさを保つことは、小さな子どものそばにいる大人にとって、責任のあることです。

そしてもう一つ、子どもの前でスマホを使わなければいけないことがあったとしても、**子どもに話しかけられたら、すぐにスマホを置いて顔を上げ、「なあに？」とお子さんの目を見ることを忘れないでください。**

これだけで、子どもたちは言い知れぬ不安やイライラを持つ必要がなくなります。そして、大人自身もスマホ依存になってしまうのを避けることができるでしょう。

これは自分自身の「意志の力」を強める練習にもなります。

ダイエットも、新しく始めた勉強も、いつも三日坊主で続かないという方は、意志の力が弱まっているのかもしれません。そんな方は、「子どもに呼ばれたらスマホからすぐに目を離す」といった小さな習慣づくりに取り組むことで、自分のやりたいことを遂行できる「意志の力」を育むことができます。

子どもの健やかさを守ることは、結果としていつでも、大人自身の心と身体の健康も守ってくれるのです。

そして、子どもはそんな大人の姿をいつだって「真似っこ」しています。

スマホに吸い込まれずに、呼べばすぐに戻ってきてくれるお母さんやお父さんの「意志の力」を子どもたちは無意識に模倣して、子どもたち自身の意志の力も育まれるのです。「親の背中を見て子は育つ」の本当の意味はこういうことです。

人間への信頼感を失わせる「褒める子育て」とは

毎週火曜日は、水彩画の日です。教室のそれぞれの席には溶いた絵の具が瓶に入れられ、赤・青・黄と信号のように並んで子どもたちを待っています。厚手の画用紙を水に濡らし、三原色の混ざり具合を楽しむ水彩画法で、園では「にじみ絵」と呼んでいます。

多くのシュタイナー教育の場で行われているものですが、ドイツ製の透明水彩絵の具と呼ばれる絵の具を使っています。発色が美しく、混ざり合ったときの透明性が高いもので、少量を水で溶き使います。三原色があれば、そこから様々な色が生まれていきます。

いつも「筆に魔法をかけますよ」といって筆を手に持ち、優しくふりながら、小さな歌を歌います。そうして筆に魔法がかかったなら、あとは私の「どうぞ」

の言葉とともに、子どもたちは無言で色の世界に入っていきます。園が静けさに包まれる瞬間のひとつです。

園では、濡れた紙の上で溶いた絵の具同士が踊るように混ざり合う偶然性の色彩を楽しみます。「何かを描く」のではないので、画力にかかわらず誰でも楽しめ、美しい色彩を味わえます。

毎週、ハッとするほど美しい色彩が生まれます。偶然とはいえ、生み出されたその美しい色彩の世界に、子どもも大人も心の底から喜びが溢れます。人間が根源に持つ、芸術的な喜びです。

私はあえてそんなとき、手放しで褒めたりしないように気をつけています。手放しで褒めることは、子どもに対しても、絵に対しても失礼な気がするからです。きっとこういったものが生まれるのは、その子どもを導く天使との協働作業をしているときなのでしょう。

私は背後から「よく描けたね」とそっと囁いたり、肩に手を優しく置いて少しの間、子どもとその絵を見つめたりするだけにとどめています。そうしたひとときが、子どもとともに何か見えないものに畏敬の念を抱く、大切な時間のように感じるのです。これは、「作品」という結果を生み出すのではなく、その**過程を「体験」する芸術行為**です。評価がないので、どの子もみんな、絵を描くことが好きになります。

褒めてばかりだと、褒められるために絵を描くようになります。そして、反対に「うまく描けなかった」など自分で自分の絵を批判するようにもなります。絵は本来、自分が楽しくて描きたいから描くものです。なるたけ自意識を刺激せずに見守るようにしています。

実はこうしたことは、子どもとの暮らしの中ですべての場面に当てはまります。「褒める」という行為には魔力があります。褒められればそのときは誰でも気分が良いものですし、やる気も湧くような気がしますが、これらはカンフル剤のようなものです。あまり頻繁に「褒めることでやる気を出させる」ことを濫用していると、次第に子どもは「褒められること」が目的になってきます。「やりたいからやる」という意志の領域から生まれてくる、いってみれば「無意識の」行為が、「褒められたいからやる」という他者からの評価が動機となる「意識的な」行為となってしまい、それが本当に自分にとってやりたいことなのかどうか、わかりにくくなってしまいます。

けなすのはよくないけれど、褒めるのは存分にしていい、というのは陥りやすい間違いです。子どもとの関係が浅く、表面的な対応をしがちな大人に限って「すごい！」「さすが！」を連発しているのを見ると、ちょっとさみしい気持ちになるものです。それは子どもにも伝わるでしょう。口先だけの褒め言葉は、人間存在への信頼を失わせます。

褒めるときは、慎み深く褒めましょう。自然と大人も謙虚な気持ちになります。時に褒め言葉は、上の者が下の者に与える言葉にもなりがちだからです。上から目線の褒め言葉にならないためには、「自分が今、子どもを褒めたいと思うことは何か」をはっきりと意識することがおすすめです。

食事のときにいつも立ち歩いていた子が、最後まで座って食べられるようになったとき。「自分が先！」が譲れなかったのに、順番を待てるようになったとき。子どもの中で、今までできなかったことが「がんばって」できるようになったとき、私たちはその小さな努力にエールを送りたくなる、そんな気持ちですね。褒める理由は明確なほうが、子どもにまっすぐ伝わります。

実は子どもにとって、**本当に欲しいものは褒め言葉よりも、見守る視線**です。「見守る」という言葉そのものが、「見ること（視線）」によって、相手を「守る」力を持つという意味ですね。

子どもは大人の言葉がけ以上に、視線を必要としている生き物です。「見ていてくれること」こそが何よりの喜びであり、信頼であり、愛なのです。

愛は、無言です。

叱ってもいい、ただし怒らないで

「子どもを叱ってもいいのでしょうか」

よく聞かれる質問です。

私はいいと思います。子どもを一度も叱らずに育てることなんて、できるのでしょうか。

子どもに畏敬の念を持つことと、子どものやりたい放題を黙認することは、全く違います。

子どもにとって大人は、時に荒れた海の遠くを照らす灯台の光であり、吹きすさぶ嵐を受け止める頑丈な壁でなくてはなりません。子どもの行動を制止しなければいけないときは、子育てをしていると日常茶飯事です。

それでは、子どもの行動を制止しなければいけないときとは、どんなときでしょうか。

道路に飛び出したり、火遊びをしたりしているのを見つけたら、それは子どもも本人にとって危険なので、即座に止めましょう。黙って見ている人はあまりいないかと思いますが。

次に、本人には害はないけれど、他の人にとって迷惑になるとき。レストランで大声をあげたり、お店の商品をいじったりしているときは、迷いなく止めるべきです。止めることそのものができないときは、なるたけ早くその場を立ち去ること。子どもにできない無理をさせることのないよう、小さいうちは行く場所を選んだり、滞在時間をやたらと長引かせないというのも大事です。

そして最後に、子どものやっていることが明らかに周囲へのダメージにつながるとき。障子のある部屋でキャッチボールをすることや、お父さんの大事な手帳にクレヨンで落書きをすることなどです！

こうしたときには子どもの行動を止める必要があります。これを一般的に「叱る」というのだと思います。

「それはお店のものだから触らないよ」とか「お部屋の中でボールを投げるも

のではありません」とかですね。ただ、こういう場面では行動を制止するだけではなくて、必ず他の方法を提案してあげることが大事です。幼児はまだ、代替案を自分で見つけ出すことはできないのです。

「お母さんのお買い物のメモを落とさないようにぎゅっと持ってて」とか、「この洗濯物を干したら公園で遊べるから、ジャンパーと帽子を用意して」とか、子どもがその場でできること、次を見通せる具体的な行動を提示してあげるのです。こうすることで子どもは、衝動をコントロールしていくことを次第に学んでいきます。

　幼児はそのほとんどを衝動によって生きている存在ですが、衝動から出た行動は、時にみんなで生きる社会の迷惑にもなってしまうことを暮らしの中で少しずつ知る必要があります。社会性の育みです。

　気をつけなければいけないのは、「叱る」ことと「怒る」ことは違うということです。一見、同義語にも思われそうなこの二つの言葉、いったい何が違うのでしょう？

答えは「怒りの感情」を伴っているかどうか、ということです。「怒る」という言葉は文字通り、怒りを表現すること。感情が高まって、それを相手にぶつけることです。

しかし、幼児にとって大人の感情は非常に重くハードです。怒りを伴って伝えるメッセージは、子どもの心ばかりか体にも衝撃を与え（実際に脈が上がったり、呼吸が乱れたりします）、何を言われているかわからなくなります。怒っている大人の印象ばかりが強烈に刻み込まれ、ことの次第はわからなくなってしまうのです。幼児にとって、どんなに怒っても、何も伝わらないどころか心もからだも傷つけてしまうので、百害あって一利なし、です。

叱ってもいいが、怒ってはいけない。

叱るときには、**感情をのせずに、代わりのアイデアを出すようにする**。代わりのアイデア、というところで大人も頭を使わなければいけないので、感情に流されることが少なくなります。そして自分の感情にこんな風に意識的になっている大人の姿から、やはり子どもは多くのことを学ぶのです。まさにここでも「親の背を見て子どもは育つ」のです。

マニュアルのない シンプルなおもちゃが育む力

少子化の現代では子どもが生まれると、お祝いに、おさがりにとたくさんのおもちゃが集まってきます。私は公立の保育士を辞めてから、自分の園を立ち上げるまで、派遣ベビーシッターのアルバイトをしていたことがありますが、積み上げられたおもちゃの箱や、何が入っているのかもわからなくなるくらい、おもちゃが詰め込まれたたくさんのボックスに囲まれて暮らしている子どもたちをたくさん見てきました。

ところで「おもちゃ」ってなんでしょう。

いったい本当に子どもに「おもちゃ」は必要なんでしょうか。

世の中が貧しかった時代は、子どもにおもちゃを買い与える余裕はそうそうありませんでした。ですから大人たちは東西問わず、自然物や家庭の中にあるものを再利用して、素朴なおもちゃを子どもたちに作ってあげたのです。

着古した衣類の布地を裂いて、綿を詰めた人形であったり、竹や木を切り出して作る様々な玩具。青いまま落ちた柿の実やどんぐり、色づいた葉っぱは自然界からの贈り物である大事なおもちゃでした。

こうした素朴な「おもちゃ」は、子どもたちの中の想像力を育む助けをしてくれます。色づいた葉っぱは、どんぐりをのせるお皿になり、お買い物するときのお金になり、人形に着せ替える服になります。布でくるんだだけの、てるてる坊主のような単純な目鼻しかない人形の表情の中には、喜んでる顔、悲しんでる顔、おいしそうな顔、眠そうな顔……と様々な気分を「見出す」ことができます。

ところが、様々なテクノロジーを駆使して作られた電気じかけやコンピュータが仕込まれているようなおもちゃ、細部まで作り込まれたおもちゃは、こうした想像力を働かせる余地がこれっぽっちもないのです。そうしたおもちゃには「遊び方」というマニュアルがあり、子どもはそれに合わせなければなりません。**子どもが主役ではなく、おもちゃが主役なのです。**子どもはいつまでたっても遊びの主人公にはなれず、おもちゃの奴隷になっているような状況です。これでは、常に受け身の姿勢を小さなときから訓練しているようなもので、能動的に自分の人生を生き抜く力は育ちません。

今流行りの知育玩具は「脳を育てる」とか「記憶力を強める」など聞こえのよい「効能」が並びますが、マニュアルのあるおもちゃは、想像力という幼児期にしか育めない力を発揮する機会がないことを忘れてはいけません。

自分の中から湧き出る想像力と創造力で、石ころでも紙切れでも遊び続けられる子どもは、自分の人生を自分主役でクリエイトしていく力を身につけることができます。成長したのちに、他の人に同情したり、他人の置かれた立場を想像したり、困難な状況に陥ったときに、そこに絶望するのではなく、希望や、新しい成長を見出す力です。これこそが、幼児期にしか育めない「生き抜く根っこの力」なのです。

「買って、買って」のおねだりに買うことで応えない

たくさんのモノが溢れている現代です。大人たちは人生の時間が積み上がるほどに所持する物も膨れ上がり困っています。書店ではどうやったら物を上手に処分できるか？　とか、思い切って捨てられるか？　といった本がいつもベストセラーです。

買い物依存症、という言葉があるように、過剰に物欲が強い状態はなんらかの心理的な不安状態のあらわれです。物が不足し、物があることが裕福の象徴であった時代は、もうとっくに終わっています。現代は、子どもたちに物との適切な距離感や付き合い方を伝えていかなければいけない時代です。

子どもに「買って」とせがまれるといつも一緒にいる大人（多くはお母さん）は割とさっぱり断れるものの、普段一緒にいることが少ない大人は甘くなりが

ちですね。お父さん、おじいちゃん、おばあちゃん、おじさん、おばさん……私も、心当たりがあります。かわいい姪や甥にせがまれると、買ってあげたくなるものです。

互いにとってのたまのお楽しみを取り上げるつもりはありません。ただ、幼児が「買って」とせがむとき、実はそれが心底欲しい物ではなかったりもするのです。

子どもが本当に物自体を欲しがることって、そんなに多くないのでは……と思います。あのグローブが欲しい、あの色鉛筆が欲しい、といった明確な欲求が生まれるのは、自分自身の意識がもっとはっきり目覚めていく8、9歳以降くらいの子どもであり、幼児の「欲しい」の欲求は、たまたまそのとき目にして惹かれたからとか、お友達が持っているから、といった他愛ないものです。ですから、ねだられて買ってあげてさぞ喜ぶかと思いきや、一晩経つと忘れたように放っておかれることも多いのです。

幼児にとって一番欲しいものは実は物ではなく「やりとり」です。

私はおじいちゃん子で、幼稚園の頃には園が終わると靴屋をしていた祖父母の家で勤めから帰ってくる母を待ちました。

祖父は大正生まれの男性にしては家事もよくする面倒見のいい人でしたが、そう裕福でもないですし、ねだって何かを買ってもらうということは滅多にありませんでした。でも、私が何かを欲しがると、必ずそれにやりとりを持って関わってくれました。工作にはまり、セロハンテープや糊が欲しいと言うと、残りご飯を煮て糊を作ってくれました。ちょっと値の張るおもちゃなどを欲しがると「そうか、みきちゃんはそういうのが欲しいのかー。そうかー、そうかー」とニコニコしています。買ってあげるともあげないとも言わないのですが、そんなやりとりをしてるうちに、いつの間にか家に帰っているのです。

買ってもらえなかった、という思いにもならなかったのだから不思議です。子どもは物よりも、こうした大人との愛情あるやりとりに満たされるものなのでしょう。つい買ってあげることで、こうした小さな愛しいやりとりを省略してしまっているのだとしたら、残念なことです。

ちなみに、日々の「買って、買って」に悩まれている親御さんへ。

目新しいものや色や形の目立ったものは、子どもの目によく入るように作られていますから、お菓子であれおもちゃであれ、子どもはその売り場を通れば欲しがります。

普段の買い物では子どもが欲しがる気持ちが湧き出ぬよう、そういった売り場の前をわざわざ通らない、というのが一番です。最初から「今日はこれとこれとこれを買うよ。これ以外のものは買わないよ」と言い聞かせてから買い物をスタートすれば、子どもはだいたい納得するものです。

それでも駄々をこねる場合は、何らかの理由があるはずですから、そこまで言う理由の背景を考えてみることが大事です。子どもが求めているのは、物そのものよりも、時間を惜しまぬやりとりなのかもしれません。

大人の用事に付き合わせるときは、短く切り上げる

子どもを大事にしようと思うなら、自分の用事に付き合わせ過ぎないよう気をつけましょう。

幼児は「今ここ」を生きているので、「何もしないで待つ」ことはできないのです。

大人だったら、「今日の夕ご飯何にしようかしら」とか「昨日のあの言葉は言い過ぎだったかな」とか過去や未来のことに思いを巡らして時間を潰すこともできますが、「今ここ」を生きる幼児はそれができないのです。自分にすることがない用事に付き合わせられるのは、とても退屈なことです。

子どもは常に何かを知覚していたいのです。歩いて、見て、聞いて、嗅いで、触れていたい生き物です。何かに付き合わせるときには、そのことが満たされ

ているかを考えましょう。

他のお母さんとの立ち話、ウインドウショッピング、ランチのおしゃべり、楽しいけれどもついつい長引かせるのは我慢です。

子どもがおとなしくなるからと、スマートフォンやゲーム機を預けたりするのは、子どもに麻薬を与えてぼんやりさせ、黙らせるようなもの。子どもはからだを通して常に感じていたいし、そうすることでしか、からだを育ててはいけないのですから。

子どもはあっという間に成長します。振り返れば、我慢しなければいけない時間はほんのわずかです。しかし、付き合わせることで子どもが受けるストレスは、その後もからだの無意識の層に残ります。

小さな子どもに「付き合わせる」ことはなるたけ控えるように気をつけて、子どもの無為な時間を増やさないように気をつけましょう。

楽しそうにしていても、疲れる前に連れて帰る

ある夏の午後。いつもの公園で待ち合わせて楽しそうに遊んでいる子どもたちとそれを見守るお母さんたち。今日はたまたま近くの小学1年生のお姉さんも午前授業で早々と帰ってきたので、子どもたちとよく遊んでくれています。思いがけずお姉さんと遊べて子どもたちはちょっと興奮気味。そろそろお腹が空いたとか言い出す頃なのに、それも忘れて遊びこんでいます。

いつもなら解散の時間がきました。「そろそろおやつ食べに帰ろう」と声をかけても子どもたちの耳には届きません。「やだ！」「帰らない！」と夢中になって遊んでいます。ずいぶん楽しそうだし、お母さんたちとのおしゃべりも楽しいし、まあいいか。あと30分くらい……。

「どう？　そろそろ帰らない？」他の親子が帰り始めたので、再び声をかけま

す。「やだ！　お姉ちゃんとずっと遊んでる！」小学生の優しいお姉さんにすっかり魅了され、我が子はもうお母さんには意識が全く向いていません。

もうお昼から何も食べてないし、水もあまり飲みに来ない。汗もびっしょりかいていますが、お母さんが水を飲ませようと近づくと振り切るように逃げていきます。でも、小学生と遊べる機会もないし、今日はお父さんも帰りが遅いと言っていたから、まあいいか。

いよいよ、どの親子も帰ってしまいました。夏の長い日も暮れかけています。小学生のお姉さんが「もう帰らなきゃ」と言い出して、バイバイ！　と足早に立ち去っていきました。ふと我が子を見ると、すっかり疲れ果て、もう魂ここにあらず、という状態でその場に立ちすくんでいます。

さあ、この日はここからが大変でした。疲れ果てた我が子は、お姉さんがその場から消えた途端に魔法が解けたかのように一歩も歩けなくなってしまいました。疲れたのと軽い脱水とで、もうぐったりです。仕方ないから帰り道はおんぶをして帰りました。

お母さんだって、立ちっぱなしでおしゃべりしていたし、お腹も空いてきてクタクタです。そして自分が料理を作らない限りは、子どもも自分もご飯にありつけないのです。なんだか腹立たしくなってきました。背中の子どもは、もう5歳なのですっかり重くてこたえます。

家についても、靴を脱ぐのもやっとです。子どもは手も洗わずにお腹が空いた、あれを食べたい、ご飯まで待てないとぐずぐず言っています。もう、ヘトヘトのヘトヘトなのです。お母さんはつい、カミナリを落としてしまいました。

「あなたが遊びたいって言ったから、お母さん付き合ったのよ！　遊びたくて遊んだんだから、やることやりなさい！」

子どもはウワーンと泣き出して、癇癪《かんしゃく》を起こし始めました。お母さんも怒鳴ってしまった以上、引き下がれなくなり、二人っきりの部屋は険悪なムードです。さっき、公園で遊んでいるときまでは、二人ともとても楽しい時間だったのですが……。

子どもは泣き疲れて、ご飯も食べず、お風呂も入らず、汗だらけのまま眠り込んでしまいました。もう、朝まで起きることはなさそうです。お母さんはなんだか、途方もなく疲れて泣きたくなりながら一人ご飯を食べました。お父さんが遅くに帰ってきて、今日の顛末を話しました。話している間に、寝室から子どもがうなされて泣いているのが聞こえてきます。疲れが過ぎたのと、リズムが崩れたのとで、うなされているのでしょう。翌日からしばらく、高い熱が出て、楽しみにしていた週末の海へのお出かけは見送ることになりました。

子どもが夢中で遊んでいるときに、遊びを切り上げさせるのに罪悪感を感じる人は多いのです。でも、子どもはまだ時計を見ながら生きてはいませんし、食べること、眠ること、その一日の全体を見て動くこともできません。疲れ切ると、大人のようにそれでもやらなければいけないことはやる、といったことはできないのです。

ですから、大人がそのリズムを作る手助けをしてあげることが大切です。楽しそうにしていても、疲れ切ってクタクタになる前のご機嫌を保てるうちに、次の場面に移れるように配慮してあげるのです。

親族が集うお祝い事や年末年始などの特別なときに、夜更かしをしたり、疲れ切るまで遊んだりすることもたまには良いですが、普段は毎日のリズムを保てるように導いてあげましょう。

遊びを切り上げさせることは、決して悪いことではありません。

子どもはその場その場の「今ここ」を生きていますから、「お姉ちゃんとまた遊んでもらえるように〝ゆびきりげんまん〟してもらおう。どっちの指でしてもらう？」とか、「おうちに帰って、冷たくしていた麦茶を飲もう。お母さん、おやつにスイカを用意していたの。スイカの中身は赤いかな〜、黄色いかな〜」と次の楽しい場面を具体的にイメージできるように誘いかければ、子どもにとって遊んでいたときの「楽しいワクワクした気持ち」は無理なく次につながっていきます。

体にとってのほどほどを知る、ということは、大きくなったときに無理を重ねたり、人に付き合い過ぎて自分のペースを崩したりするといったことをしない、自分の体調管理ができる感覚を育てることでもあります。ほどほどの見極めは、大人がしてあげて良いのです。

コラム

私の園のおもちゃたち

園で子どもたちに人気の「おもちゃ」は、おもちゃ屋さんで売っているようなものではありません。

どんぐりやとちの実といった木の実類、河原から拾ってきた色形のきれいな石。赤、青、黄色……と各色に染めたシルクや綿、ガーゼなどの、手触りとサイズがそれぞれに違う布、お母さん方が毛糸で編んだ紐……豊かな遊びに欠かせぬおもちゃは、実はマニュアルのある遊び方が限定されたようなおもちゃではなく、こうした「素材」です。

子どもたちは素材としてのおもちゃを使いこなします。適した布を選んでマントにしたりドレスにしたり、木の実を包むバッグにしたり。「見立てて」使うことは創造性と応用性を育みます。

時間で動くことを教えない——時計の読み方は学校に入ってから

縄文時代になかったもので、近代社会にはすでに欠かせなくなっていたもの、文字の他に何があるでしょう?

答えは「時刻」です。

園では、教室に時計を置いていません。いや、正確にいうとあるにはあるのですが、大人しかわからない小さなものを隅っこに隠すように置いてあります。文字を積極的に教えないように、子どもたちにも時計の読み方を早々と教えないようにしています。

保育所に勤めていた若い頃、特に年長児には時計の読み方を教えてから卒園させるのが年長担任の務めだとばかりに私も張り切ったものです。「長い針が12に来たらお片づけだよ!」とか「3時になるまであと5分、それまでにパジャマを着替えられるかな？　よーいドン！」なんてやっていました。それはそれで、それなりに楽しい保育の日々でしたが、だんだん自分のやっていることが、子どもたちを時間という目盛りに乗せて動かしているだけのような気がして、歳を重ねるごとにそのスキルが上達している自分に疑問を感じました。

子どもを小さなうちから時間に乗せて動かすと、子どもの主体性を育てることを邪魔してしまうのではないでしょうか。針がどこかの数字を指したから、次の行動に移る、というのは集団生活をさせている保育所の都合であって、子どもの実態とはなんら関わりがありません。時刻とは、人間が社会生活を営む上で便宜上生み出している「概念」です。世界が人間のからだに直接語りかけてくるような幼児時代は、こうした概念に従わせるのは早いのです。

幼児にとって大事なのは、時計を読めるようになってスケジュール通りに動いたり、申し合わせた時刻に何かをするといった約束を守れるようになることではありません。毎日の暮らしの中で繰り返される流れを、からだの中に染み込むように覚えて、自然とそれが繰り返されるようになることです。

お片づけが済んだら、みんなでお遊戯をする。それが終わったらテーブルを出しておやつを食べる。食べたら、外で遊ぶ。部屋に戻ったら手洗いとうがいをして、食事の用意をする。給食を食べる……こうした流れを毎日同じように繰り返していたら、子どもは時計などなくても、自らの意志で次の行動に自然と移っていきます。「次は○○する時間だよ」などと、いちいち指示を出すこともありません。

本当の主体性はこうした暮らしの中から育っていきます。生きることの根っこの力や姿勢は、無意識の領域に属するものなので、成長してから記憶のなくなってしまうような幼児期の過ごし方がとても大事なのです。

そして、**子どもはこうした心地よいリズムのある暮らしを安定して繰り返す中で、自然とその子どもなりの呼吸＝体内時計を整えていきます。**体内時計は自律神経を整える重要な役目を果たしています。健康のベースを整える働きです。一生を生き抜くからだを育てている幼児期は、自分なりの体内時計を作っていくことが大切で、外側からの時間で子どもを動かすのはまだ早いのです。

「お片づけだよー」いきなりシャッターを下ろさないで

砂場でも、積み木でも、ままごとでも、夢中で遊んでいる子どもを見ているのは愛おしいものですね。そしてその非常に集中したクリエイティブな姿は時に尊くもあり、一方では大人にまとわりついて「かまって」ということもない貴重な時間でもあるので、もう少しこのまま遊んでいてほしい……と思うものです。

しかし、毎日の「リズムある暮らし」が子どもにも大人にも心地よく過ごすのに大事なことですから、子どもが疲れすぎたり、お腹が空きすぎて次の行動に機嫌よく移れなくなる前に、遊びをおしまいへと導いていく必要があります。

このときについやってしまうこと、それは「そろそろお片づけだよー。おもちゃしまってー」と無造作に声をかけることです。

子どもはこの声を聞いたとたんに、反射的に「イヤだ！　もっと遊ぶ！」と言うでしょう。夢中で遊んでいるとき、子どもたちの意識はまさに「夢の中」です。楽しい夢の中にいるときに、いきなり「ほら！　片づけるよ！」と言われるのは、私たちが夢中でドラマを見ているときに突然後ろからリモコンでテレビのスイッチを切られるようなもの。もしくは気持ちよい夢を見ている真っ只中に、叩き起こされるようなものです。

夢中になって遊んでいる子どもたちを、叩き起こさずに自然とお片づけへと誘う良い方法があります。それはお片づけの時間であることを知らせるような歌を小さな声で歌ったり、子どもの遊ぶ周辺からそっと大人が片づけを始めたりすることです。そう、夜明けがいきなり日の出から始まるのではなく、うっすらと空が白じんでいくように、少しずつその気配を漂わせていくのです。

園では私は小さな声でこんな歌を歌います。

お片づけの時間です　お片づけを始めます
おもちゃはお家に帰ります　みんなで片づけ始めます

なんてことはない小さな歌です。私がかつて実習していた園の先生が作って歌っていました。これ見よがしに大きな声で歌ったりせず、わざと聞こえないくらいの声で歌うのです。遠慮がちに。そして、周りからさりげなく片づけていきます。そうすると、子どもたちは遊びの夢の中から自ら目覚めてきます。「あれ、もうお片づけ？」「そうよ」「やだなー、もうちょっと遊びたいなー」「いいよ、先に少しずつ片づけてるから」そんなやりとりができるなら、子どもたちはもう、自分たちの遊びを終息させていく準備ができています。

子どもの「自主性」って、実はこういう毎日のささやかなやりとりの中で育っていくのです。

私たち大人も、毎朝銅鑼《どら》の音で叩き起こされるよりは、優しい歌声やお気に入りの音楽で起きたほうが、寝起きの気分がいいですよね。「心を育てる」ということは、こうした無意識の領域に働きかけるようなことの積み重ねによって育まれるのです。

百科事典の珍しい虫を覚えるより、トンボやアリと仲良くなって

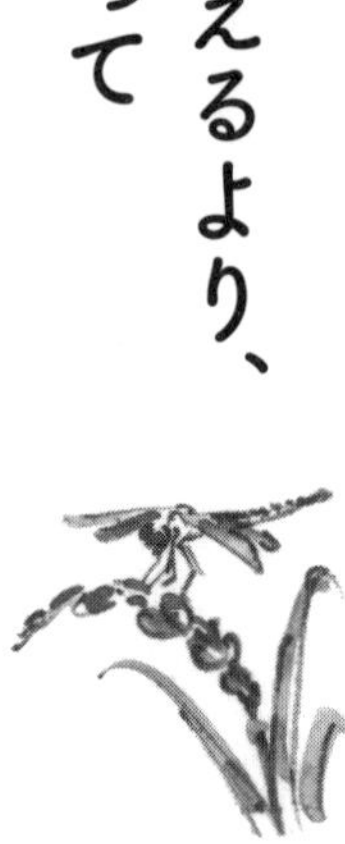

百科事典の虫の名前を覚えるのが大好きな子どもは、大人が驚く集中力ですべての名前を覚えたりします。すると、大人もつい嬉しくなり、もっと詳しい本を買ってあげたり、今だと動画や大人向けの番組を色々と見せたりして知識を増やしてあげたくなりますね。

でも、もしもそんな風に虫や魚や動物に我が子が興味を持ち始めたのなら、それ以上の「情報」を積極的に与えることはやめて、ぜひ生き物の世界と直《じか》に触れさせてあげてください。

とは言っても、テレビ番組に出てくるような外国にしかいない珍しい虫や動物を追いかけて、サバンナやジャングルに出向く必要はありません。水族館や動物園に行くことだって、さほど大事なことではありません。まずは、身近に

いる生き物と仲良くなってほしいのです。

今は街ではアパートやマンションといった集合住宅に住む子どもが増えて、土がそばにある暮らしが遠のいています。トンボを網で追いかけたり、アリが巣穴にせっせと何かを運ぶのをじいっと見ていたりするような、昔の子どもには当たり前にあった時間が失われています。

しかし、こうした身の回りの小さな生き物たちを時を忘れて観察したり、捕まえてその習性を知ったりする経験は、人間の成長の中でなくてはならない一コマです。

蝶の羽をそっとつまむときの力の加減、手に残る鱗粉《りんぷん》の感触。威嚇《いかく》してくるカマキリをそっと背中から捕まえるタイミング。バッタを捕まえて、潰さぬように手の中に収めたときの感触。こうした生き物とのリアルな触覚体験は、自然が自分の生命の一部としてつながっている感覚を育てる根っこになるのです。

自分が自然とつながっていると実感できる経験は、成長してから環境に負荷をかけることに対して直感的によくないと思える感性を育てるだけではなく、自分が社会の中の様々なストレスで疲れたり、落ち込んだりしたときに「自然から力をもらう」こともできる感性を育てていくのです。人間の生命は自然の一部ですから、これはとても大事なことで、生きる根っこの力のひとつとなります。

そのためにも、大事なのは「情報」よりも「リアルな体験」。知識としての本から離れて、身近な「本物」に触れられる機会をたくさん作ってあげてください。

夜更かしは明日のエネルギーの前借りです

「うちの子、宵っ張りなんです」というお母さん。夜になかなか寝てくれないという悩みは多いものです。

昔だったら日が暮れればもう、その日はおしまい。ろうそくやランプの灯りでできることは限られていましたから、夜は寝るしかありませんでした。

しかし、昼間より明るい空間を作り出す照明がある現代では、いつ眠るか、といったことすら自分たちで決めなくてはいけないのですから、現代人は自由すぎて大変です。

大人が昼夜の境をつけにくくなっているので、子どもたちもその影響を受けるのは当然です。今の大人が子どもだった頃よりもずっと、昼夜のボーダーレス化は進んでいます。

昼夜のボーダーレス化は、大人たちの健康も害しています。うつ傾向や神経症的な症状の多くが、昼夜をはっきりとさせること、つまり朝にしっかり陽の光を浴び、暗くなってから横になる、という生活リズムを整えるだけで改善する傾向があるようです。

からだづくりがメインの子どもたちにとって、この昼夜の境をしっかりと守ってあげることは大切です。

合言葉は「お日さまと一緒に」。明るくなったら起きて、暗くなったら寝る。実際に健康な子どもは、夏至が近づくとお母さんが困るくらい早起きになります。自然の力と呼応しているのです。

「宵っ張りで夜になると元気になる」という子どもは、実は「元気になる」のではなく、眠るきっかけを逃したことにより、「興奮している」のです。

内臓はそれぞれに夕方を過ぎると休もうとします。しかし、その休むべき時間帯を過ぎてしまうと、内臓も活動し続けますので、からだの中が興奮してくるのです。それが大人には「夜になると元気になる」と見えるわけです。

しかし、こうして休むべきときにからだの中が活動を続けるということは、明日に使われるべき生命エネルギーを前借りで放出している状態です。そういった子はたいてい、翌朝機嫌よく起きられなかったり、朝ごはんが食べられなかったり、午前中ずっとグズグズしたりしています。集中力もなくなり、遊びや活動の意欲も低下します。

子どもは早く寝かせましょう。健康なからだづくりの基本です。子どもの夜更かしは、大人が夜更かしするのとは比べものにならないほど害があります。

内臓は、眠っているときにしか休ませられず、そして成長することもできないのです。**子どもは常に、からだを育てている最中なのだ**、ということを忘れないようにしましょう。「寝る子は育つ」という言葉は、本当なのです。

文字はまだ読めなくて大丈夫。世界をイメージで捉えられる方が大事

子どもたちは、字を早く覚えたくて仕方のないものです。幼児は模倣欲求がありますから、大人たちが字を書いているのを見れば真似したくなります。家にいても、外にいてもどこにでも文字を見つけることができます。文字はとても、魅惑的です。

では、文字に興味を持った子どもたちには、その欲求を満たしてあげるようにどんどん教えてあげたほうがよいのでしょうか。教えればカタカナだって漢字だって覚えますから、その子が吸収できるだけ、いくらでも教えてあげたほうがよいのでしょうか。

私は、卒園するまで子どもに文字を教えることは一切ありません。幼児期は、

人間の進化の歴史の中で言えば「縄文時代」。世界が人間のからだに直接語りかけてくるような時代です。まだ文字のなかった時代の意識の在りようを、人間は育ちの中で十分に体験する必要があるのです。それは、人生の宝物ともいうべき生まれてからおよそ7年間の「最初の子ども時代」を保障することでもあります。

それ以降は、否が応でも文字文化にどっぷりと浸っていくことになります。もう、文字が分からなかった時代に帰ることはできません。現代において、文字のない世界に生きることはほぼ不可能です。文字とは記号であり、情報です。それらに触れずにこの世界を直接体験することができる時代そのものが、今や絶滅の危機に瀕しています。

「山」を「山」もしくは「やま」「ヤマ」と書くのと、自分のイメージの中にある山の絵を描くのとでは、自分の中に起きる印象はだいぶ変わってきます。「A」という形が英語の文字であると知らなければ、これは三角帽子の小人に見えたり、お父さんの使っている脚立に見えたりするかもしれません。しかしこれが文字の「A」だと教えられれば、もうそれはいつどこで見ても、アルファベットの「A」にしか見えなくなってしまうのです。

知的になっていくということは、魔法が解けていくようなものです。幼児の感覚は世界に開かれていて、まだ自分と他者を分ける感覚もおぼろげですから、お花が語りかけてきたり、自分がぶつかった机もまた痛くて泣いていると思ったりするのです。

幼児期にこういった心象の中でたっぷりと過ごすことは、他者への思いやりや愛情を育てる上でとても大切です。

知的な働きかけをあまりに急ぎすぎると、こうした宝物の時間を味わえず、子どもなのにどこか疲れ切ったサラリーマンのような心を持った幼児になってしまいます。そんな早期教育を施されて、疲れたりイライラし続けている子どもたちをあちこちでずいぶんと見てきました。

早々と文字を覚えた子どもが、その後も学習で他の子どもよりもリードするというような結果は、残念ながら発達心理学者や医師たちの研究により幾たびも否定されています。それでもなお、早期教育熱が止まらないのは「早く大きくなあれ」と思う親心に、過熱する一方の教育ビジネスがあの手この手で誘惑するからでしょう。

子どもは、子どもらしく過ごせるよう、その子ども時代を保障されなくてはいけません。

私たちが次に生まれ変わったときに、子ども時代にぼんやりと空の雲が形を変えていくのを眺めたり、ありんこを追いかけたりする時間を許されずに、文字を教え込まれたり、計算を教えられたりして、今より幸せな大人になっているでしょうか。知的なことを学ぶのは小学生になってからで十分です。楽しみに待つことが、学習意欲を高めます。

習い事は急がなくて大丈夫
——ホリスティックに世界に関わることの大切さ

時々、いわゆる「お勉強型幼稚園」にお子さんを通わせているお母さん方から悩み相談を受けます。クラスで子ども同士の揉め事が続き、楽しく遊べていないとか、「自分なんて」という言葉をよく口にするようになったとか。これらは、幼児にふさわしくないプレッシャーやストレスを与えていることであらわれてくる、「本来の子どもらしくない」姿です。

学齢期前の幼児時代は、人間にとっての縄文時代。お勉強させたり、タイムスケジュールで管理したりするような時間の過ごし方は、心身の発達の側面からすると逆効果なのです。

「縄文時代」を生きている幼児にとって必要なのは、ピアノを習って楽譜が読めるようになるとか、体操教室に通って5段の跳び箱が跳べるようになるとか、英語を習って親も真似できない流暢な発音ができるようになることではありません。

「でも、絶対音感は3歳を過ぎてからでは身につかないというから」

「外遊びを嫌がるから、体を動かす機会を作ってあげないと心配」

「グローバル化する時代に取り残されてしまうから」

本当のところそれ、あなたの不安でしょうか。これらは実は、メディアから煽られて生まれた不安なのではないでしょうか。

「○歳のうちに○○を始めないと手遅れ」

「脳は早いうちに働きかけないと、そのあとは成長しない」

「耳が育つのは○歳まで」

こういった言葉はすべて、子どもをターゲットとしたビジネスで使われる常套句です。そこには必ずと言っていいほど、有名大学の先生やお医者さんといったその道の専門家の言葉や数値が「証言」として紹介されます。

でも、専門家はその道の専門家であっても、子どもの専門家ではないのです。

子どもに本当に望ましいことをよく知っているのは、子どもの発達に常に寄り添っている大人です。つまり保育士や幼稚園の先生、そして小児科の先生など。もちろん、発達支援のサポートをしている先生も、非常に豊富な経験に基づく知識をお持ちです。そうした子どものことを本当によく知っている人たちは、安易に習い事や早期教育を勧めることは決してありません。子どもにとって、どんな環境や働きかけが、健やかな成長にふさわしいかということを、よく知っているからです。

人間の成長は大変ホリスティックです。バレエとか、ピアノとか、英語とか、ある一つの技能に集中させることは、全体的な成長のバランスを脅かします。もし、オリンピック選手になったり、世界的な演奏家になったりするような素質を秘めた子どもがいるとしたら、たとえあなたがそれを阻止したとしても、どうにも止められないくらい、その子自身が本人の携えてきた運命の力に従って猛烈にその道を生きることを望みますから、ご心配なく。

ちなみに、私の園の卒園生で東京藝大の附属音楽高校にヴァイオリンで合格した子がいます。全国でたった10名ほどしか選ばれない非常な難関で、試験はほぼ実技なのだそうです。その子は私の園に通っていた頃、もちろんなんの習い事もせず、字も時計の読み方も知らずに育ち、小学校へと上がりました。小学校でたまたまヴァイオリンと出会い、すっかりそれが大好きになって習い始めたのだそうです。幼児期から始めた子らに比べて、技術的な遅れはあったそうですが、当時からよく先生に褒められたのは「あなたには表現したいものが内にあるのね」ということだったそうです。

そして、彼女は彼女自身の熱意によって、お母さんもまさかと思った藝大の附属高校の受験を志し、見事合格しました。この**「内なる表現欲求」、そして「やりたいことを実現する意志の力」こそが、幼児期に育てるべきもの。**表現したい内なる熱がなく、魂から湧き起こる「やりたい！」という情熱もなく、やらされてやっていることは、たとえその場の技能をいくらか先取りで身につけたとしても、長い目で見たときにその子を支える力にはならないということ、おわかりいただけるでしょうか。

コラム

子どもが子どもらしく在れる環境

Aちゃんと出会ったのは、彼女が1歳の頃。お母さんと親子クラスに通っていました。からだは大きいほうですがとても過敏で、他の子たちが年齢相応におもちゃや友達に興味を示し始める中でも、ぐずり泣く時間のほうが多く、成長するにつれてその姿は顕著になっていきました。

他の場所ではどうですかとお母さんに尋ねると、出かけた先でも同じように激しく泣いていることが多いと言います。なんと大変なことでしょう。お母さんも大変ですが、一番大変なのは一日のうちのほとんどを気持ちが安定しないまま終えていくAちゃん本人です。Aちゃんはその後3歳になった春、バス通園のある大きな幼稚園に入園しました。

私たちはAちゃんがお母さんと離れてバスに乗って通うことができるのか実は心配でした。家を一歩出ると様々な場所や場面に不安に反応し、過敏で怖がりやすいAちゃんが、その状態で集団の中で安心して自分の世界を広げていくことができるのだろうか。もう少し個別の関わりを必要としているのではないだろうか――。

それから1年後、お母さんから連絡が入りました。当初こそ泣きながらもバスに乗り、なんとか通えていましたが、それも少しの間で、その後は行けなくなったそうです。園側も配慮して、お母さんと一緒に集団に入らず個別に過ごすのを提案してくれたりしましたが、それでも行きたがらないとのこと。情緒が安定せずにいることは変わらずで、こちらへの転園相談でした。

Aちゃんは、夏休み明けに転園してきました。

初めはやはり大泣きでした。しばらくはお母さんと朝の自由遊びの一時間だけを園で過ごしました。まだ他の子どもへの関心も見られませんでしたが、少しずつひとり遊びはできるようになりました。一見脈絡のない独り言を続けながら、積み木やおもちゃの小人や動物で遊んでいます。しばらくすると、お母さんが離れても遊びに夢中で気づかぬようになりました。

そうして、出席、欠席を繰り返しつつ、ゆっくりと彼女のペースで園に馴染んでいき、2か月ほどで家庭以外に自分の居場所を見つけられるようになりました。

それから集団生活に馴染むのは予想以上に早いものでした。他の子どもの名前を覚えて呼ぶようになり、いつも不安げに固まっていた表情も、豊かになっていきました。何より、瞳がキラキラと輝き出しました！

登園を楽しみにするようになり「明日も幼稚園ある？」と聞いてきます。

ある日、昼食後の歯ブラシを「今日、お持ち帰り？」と聞いてきた彼女に、そばにいた年長さんが「持って帰るよ。明日は遠足なんだからAちゃんも来るでしょ」と言いました。そのとき、その言葉を彼女が喜びとともに受け取っているのが、じんわりと私にも伝わってきました。

「人とつながることの喜びを知る」ことは幼児期に育てたい大切な心情ですが、彼女にとって遅ればせながら、まさに今深く味わっているというのが見て取れたのです。

その冬も12月は毎日「生誕劇」を行っていました。「練習」や「本番」はなく、誰かに見せることが目的でもありません。毎日役が替わり、初回から教師の歌と言葉だけで進行する劇遊びです。やっと一人で登園できるようになったＡちゃん、果たして一年で一番子どもたちが楽しみにしている劇遊びを一緒に楽しめるでしょうか。

心配は杞憂に終わりました。彼女はこの劇遊びが初日から大好きになり、家でも再現して遊んだそうです。最終日は保護者参観となるのですが、落ち着いて演じきりました。

彼女には特別な働きかけをしたわけではありません。ひたすら繰り返す園での安定したリズムある暮らしを、愛情深く淡々と営む努力を続けただけです。ただ、家庭にお願いしたのは、いつも保護者さんにお願いしているのと同じように、テレビを含む様々なスクリーンをなるたけ見せないように配慮してください、ということでした。

というのも、生育歴を聞いたときにお母さんがＡちゃんを赤ちゃんの頃から膝に乗せてパソコンの前に向かう時間がとても長かったと言っていたからです。これは彼女の育ちが抱えた困難さを理解するのに十分な情報でした。

おそらくＡちゃんは人間の感覚形成における最も重要な乳児期に画面の前にいる時間が多かったために、自分の感覚器官を通してリアルにこの物質世界と出会う経験が減り、その分バーチャルな電気信号に晒《さら》され、情緒の安定も失われかけていたのだと思います。

お父さんも子守をするときは、ついユーチューブなどで映画や動画を見せがちで、以前のＡちゃんは教室にいても、前日に見たもののセリフや音楽を脈絡なく大声で叫び続けることが多かったのですが、いつしかそんな様子も見られなくなり、年相応の落ち着きと周囲の人間への愛情表現が見られるようになってきました。

短期間での彼女の大きな変容に、お母さんからは「みきこ先生は、うちの子にどんな魔法をかけたんですか」と冗談交じりに言われたりしました。

「魔法なんかじゃないんですよ。子どもが子どもらしく在れるふさわしい環境を用意しただけです。誰にでもできますよ」とお伝えしました。実際のところ、本当にそうなんです。

情緒が安定しないとか、落ち着きがないとか、発達にでこぼこがあるとみなされる子どもが増えています。しかし、子どもを取り巻く暮らしの環境やリズムを見直し、整えてあげるだけで、子ども自身の力で健やかなバランスを取り戻せる可能性がたくさんあることを、Ａちゃんが教えてくれました。

第3章

学齢期（7～9歳）文字を得る時代

子どもらしく過ごせる「子ども時代」を大切に

「縄文時代」を生きる子どもたちには、テレビも動画もすべてのデジタルデバイスは必要ありませんでした。彼らに必要なのは、ただただリアルな体験でした。全身全霊で「リア充（リアルが充実していること）」を求めていた時代は、「からだをつくる」ことがメインの時代だったのです。

その時代の終焉のサインとなるのは「歯の生え変わり」です。

からだの中で一番硬い物質、それは歯のエナメル質です。永久歯が生えてくると、一生を生き抜く「からだの基礎工事」は概ね終了します。そして、それまで「からだづくり」を担っていた子どもの生命力にはゆとりが生まれ、「学習」という抽象的な思考活動を助けることができるようになるのです（これは、シュタイナー教育の柱となる考えのひとつです）。

かつて人々は、こうした人間の発達の順序の原理を体感でよくわかっていました。ですから就学年齢も東西問わず、およそ歯の生え変わりの頃（6〜7歳）だったのです。しかし今、世界的に子どもの育ちを「もっと早く」と要求する傾向の中で、就学年齢を5歳からとするような動きが増えています。

しかし、どんなに時代が進んでも、人間の発達の順序は不変です。21世紀になったからといって、子どもがお腹の中で育つ時間が短くなったり、生まれてすぐ立ったり歩いたりしないように、本来学習という抽象的な思考活動ができるようになるまでにも、必要な時間があるのです。

必要な時間を十分にかけてあげることこそが、これからの教育の肝心要《かなめ》となってくるでしょう。なぜなら、教育とは英語が流暢に話せるようになるとか、プログラミングが手早くできるようになるといった技能の習得を意味するのではなく、**その子の心とからだが調和して健やかに発育していくことに最大の意味があるからです。**

しゃがんで用が足せるように

洋式トイレじゃないと用が足せない、という子どもが増えています。小学校のトイレも、以前は和式が主流でしたが、家庭のトイレがほぼ洋式に移行した頃から、和式に馴染めない子が多くなり、多くの予算をかけて洋式に作り直されています。

私も家では洋式トイレですが、実は和式も好きです。本来自然な排泄スタイルは、和式のようにしゃがむスタイルだと思います。しゃがんで用を足すときは、二本の足でしっかりと床を踏みしめるので、いきみやすいですし、どっしりと力強い気持ちになります。

トイレのような人工的な設備がなければ、人はもよおしたときにはしゃがんで用を足すしかありません。野山のようなトイレが何もないところで、急にもよおしたときに、いざとなったら人目を忍んで用が足せること、大切です（そんなはしたないこと！　と思われるかもしれませんが、世界には日本のような整ったトイレがどこにでもあるわけではありませんし、大人になったらどんなサバイバルな状況に遭遇するかもわかりません）。

洋式トイレがないと用が足せないのでは、困る場合が多くなるのではないでしょうか。学校にあがる前に、どんなトイレでも用を足せる練習をしておきましょう。

どんな状況でも、場に応じて自分で適切に排泄できる、これは内なる野性を育てることです。近頃では、学校で大便をするのが恥ずかしいとか、和式ではうまくできないからと、排泄を下校まで我慢する子が増えたなんて話を聞きますが、からだの声を無視することですから、排泄は決して我慢してはいけないことを伝えてあげたいです。

ほうきの使い方と雑巾の掛け方は学校にあがるまでに

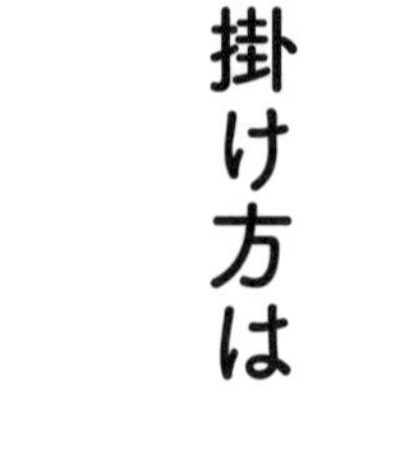

ほうきと雑巾でのお掃除、めったに目にしなくなりましたね。小学校でも以前ほど細かい掃除の指導はしなくなったところが多いようで、小学生の子どもたちを見ていると、雑巾をきっちり絞れる子が少なくなったなと感じます。

ほうきで掃くことや雑巾がけは誰にでもできそうで、やり慣れないとなかなかできないもの。機械にばかり頼っていると人間は不器用になるものですね。

ほうきで掃いて、ちりとりで集める。ほうきは注意深く集めないと逆に埃《ほこり》を散らしてしまいますし、集めた埃をちりとりの中に集めるには、ちりとりの角度とほうきとの呼吸合わせが必要で、子どもたちは集中力と相手の動きを察知して合わせるという細やかな運動能力を求められます。

相手の気持ちや状況を察することができない若者が増えていると言われたり

しますが、対人関係のスキルの土台って、実はこうした日常のからだの動きを伴った作業からも育まれます。デジタル化しすぎた社会は、からだを動かして身につける感覚に疎《うと》くなるのです。

雑巾を絞るには腕のひねりが大事です。この「ひねる」という動作も、苦手になっている子が多いです。「ひねり」の必要な動作が暮らしの中で減ってきているのですね。

たとえば、水道の蛇口。以前はひねる蛇口がほとんどだったので、ひねることで量を微妙に調節して使っていましたが、今は上下レバータイプが多く普及し、求められる動作はより簡易になりました。確かに、衛生上の利点やユニバーサルデザインとしての理由がそこにはあるのですが、子どもにとっては大人のために機械化されたり便利になり過ぎているものは、時に順を追って得るべき体験の機会を失わせます。

生活能力の高い器用な子どもは、対人関係も安定し、様々な状況に対する対処能力も高まります。習い事にお金をかけるよりも、こうした暮らしの中の家事をひと昔前のスタイルで行ってみること。おすすめです。

ゲームは子どもにとってのドラッグ——不登校やいじめの原因にも

保育の仕事について四半世紀以上の時間が過ぎました。初めて「先生」と呼ばれて保育所に勤め始めた頃から振り返ると、世の中の加速する変化、子育てのありようの変貌を強く感じます。

平成の30年間に大きく変わったことは、やはりインターネットと携帯電話と、そしてゲームの普及でしょう。私も新しいものが嫌いではないので、自分のパソコンを持つのも、携帯電話を手にしたのも、同世代の中では少し早かったように思います。ただ、これらのものを手にしたのは、すべて成人してからです。学生時代まではレポートも手書きで提出しましたから、学生が手書きをする最後の世代だったかもしれません。

世の変化の中で特に今気になるのは、一気に世界に広がったスマートフォンが人間とその社会にもたらす様々なレベルの影響。そして、そうしたデジタル文化の中で育つ子どもたちが、瞬く間にゲーム中毒になっている状況です。

発達障害に関する小児科医の先生の勉強会などに出かけますと、不登校や、引きこもり、拒食など、診察室に訪れる子どもたちの抱えている様々な困難の原因の根っこに、ゲームがあると言います。ここ10年ほどの傾向のようです。ゲームが子どもたちの生活を蝕み、人格形成にも大きな影響を与えているのです。

こうしたデジタルデバイス（ネットにつながっているパソコンやスマホ、タブレットなどその端末類）は今や生活の必需品となり、誰もが欠かせぬものとして自分のからだに密着させています。そこにくっついてくるアプリケーションはどんどんバリエーションを増してくる一方なので、私たちはそこから指を離すきっかけを作るのが難しくなっています。

スマートフォンは、よほど気をつけないと無意識に画面をスクロールし続ける中毒性があります。自分に負担を強いない、良いバランスで使用をコントロールすることは大人でもとても難しいのに、子どもに「スマホの使い方は時間を決めて」と言ったところで、「飲酒運転するときは気をつけましょう」と言っているようなものではないでしょうか。

ゲームも、子どもにとってはドラッグと同じです。極端に聞こえるかもしれませんが、ドラッグの特性は、人間の様々な感覚器官を薬理作用により強制的にシャットダウンするということです。そして、ある脳の一分野を刺激することにより、クローズアップされたようになんらかの強烈な刺激を味わいます。このことにより幻覚や幻聴を見たり、高揚した気分を味わうわけですが、子どもがゲームに夢中になっている状態を観察すると、まるでそれと似たような状態になっています。

子どもがゲームに夢中になっているとき、視線はロックされたようにモニターを凝視しています。

これだけで、成長期の子どもには非常に不自然な目の動きを長時間強いるのでからだ全体に影響を及ぼしますが、耳から入る音もまた、夢中になっているあまりに限られてきます。反応するのは、ゲームの音声とやりとりしている友達の声だけ。周囲の生活音、雨が降り出した音、風が窓を叩く音、お母さんが呼ぶ声も遠くなっています。台所から流れてくる美味しそうなカレーの匂いにすら、すぐには気づかなくなっているかもしれません。

　赤ちゃんのときにめいっぱい世界に開かれていた豊かな感覚器官は、周囲の世界からどんどん遮断されていきます。そして指先のごく単純な限られた動きを繰り返すのみで、全体的な人間らしい動きはゲームをやっている間、ずっと失われています。しかし、脳はその刺激に興奮を受け続けます。脳は、ゲームをやめるきっかけを失っていくのです。

　こうしてゲームにはまり過ぎることで、夜更かしをして朝起きれずに不登校になったり、学習意欲が低下したり、脳の過剰で偏った刺激を受け続けることでイライラしやすくなったりしていく子どもの事例が学校では増えています。

　インターネットのゲームにはまり過ぎて他に何もできなくなった小学6年生の息子に手を焼いて、家のＷｉ－Ｆｉを切ったら、逆上して父親に殴りかかってきたので、何か薬を処方してほしいとお医者さんに訴えてきたお父さんの話も聞きました。

その子にとって本当に必要なのは鎮静剤ではなく、中毒化してしまったゲームから少しずつ身を離すことができる専門的なプログラムでしょう。ここまでくるともう、アルコール依存やドラッグ依存症と同じように「治療」が必要な状態となるのです。

最近になってＷＨＯはゲームのやり過ぎで仕事や生活に困難を来す「ゲーム障害」を国際疾病に認定しました。日本ではゲーム先進国として、危機感の薄さが以前から指摘されていましたが、香川県がいち早く「ゲームは１日１時間」という条例を成立させるなど、ゲーム依存に対する問題意識がやっと高まってきています。ゲームは、本来自分が能動的に世界と関わって得るべき刺激を努力なしに手に入れられるので、将来的にアルコールや薬物に依存しやすい素地を作る一因になるかもしれません。

低学年のうちは特に、自分の行動を自分でコントロールすることはできません。子どもにアンダーコントロールできないものを自由に触らせるのは、まだ早いのだと思います。

「学校に行きたくない」と言ったら、休ませてもいいのです

さて、ゲームなどにはまるのとは別に、なんとなく学校の在りようや友達との関係に馴染めなかったり、違和感を覚えて「学校に行きたくない」ということもあるかもしれません。子どもに理由を聞いてみても、これといった原因があるときもあれば、ないときもあって、子ども自身もどうして行きたくないのか、よくわからない、ということもあります。

そんなときは、それ以上あれこれ理由を追及したりせずに、休ませてあげましょう。大人でも、自分が本当にストレスに感じている原因についてはなかなか思い至らない、ということがよくあるものですが、子どもはそれ以上にわからないことがあるものです。

大人が持つ複雑な感情は、子どものときからすべて備えられているものではありません。赤ちゃんの頃の快・不快といったごく単純な感情から発して、少しずつ時間をかけて複雑に分化していきます。

特に小学生は、幼児期を脱し、学校という社会の中で友達や教師との様々な人間関係のやりとりを通して、心の中の感情を豊かに耕していくときです。時に自分でも戸惑うような新しい感情の芽生えや、さざなみを体験しているのかもしれません。そういったときには、少しいつもの「現場」を離れて、心をリトリートさせるのも豊かな選択だと思うのです。

学校という管理された場所から、身を離してプライベートな自分を味わう時間は、子どもにだってあっていいのです。

学校を休んだら、できるだけ何か「仕事」をしてもらうようにしましょう。皿を洗うこと、お風呂を洗うこと、掃除機をかけること、お米を研《と》いでおくこと。お母さんが働いていて、一人で留守番をさせることになったとしても、こうした家事をやってもらっておくと、学校を休んだ子ども自身も「病気じゃないのに休んだ」と言ったような罪悪感を持たなくて済みます。

家族にとって必要な仕事をしているのですから、留守番していても家族とのつながりを感じることができて、寂しさを感じにくくしてくれます。

みんなが帰ってきて、その「仕事」に感謝されれば、子どもは誇りに思いますし、学校とは違う社会で自分の存在意義を実感し、また違う気分で学校に行こうという気持ちにもなりやすいものです。

習い事は子どもの気質を見極めて一つに絞る

塾と習い事は花盛りの世の中ですが、日替わりでいろんなところに通わされてクタクタになっている子どもを時々見かけます。「遊ぶ暇がない」とこぼすので、「そんなに疲れるなら、どれか一つにしたら？」と言うものの、どれをやめるのかの選択は、低学年のうちは自分では難しいものです。

しかし、惰性で通っても得るものは何もありません。

そもそも、習い事とは、学校や家庭で得られないものを身につけに行くところ。「友達が通っているから」「先生に誘われたから」といった理由だけで、あまり興味もないものにダラダラ通っているのは、時間とお金の無駄遣い。それならお家で本を読んだり、友達と遊んだり、絵を描いたり、工作したりしている「自由時間」のほうがよっぽど貴重で有用です。

「誰にも管理されない」「何にも所属しない」時間を過ごすというのは、今やとても希少な時代なのです。「何にもしないで、ぼーっとしている時間」だって、この年代の子どもたちにはとても意味があります。

習い事をするときには、我が子をよく観察しましょう。

人間にはそれぞれの「気質」があります。

自分の自己主張がはっきりしていて、人の前に立っていきたい熱血漢のリーダータイプ。外の世界のあれこれには積極的に関心を持たず、食べることと眠ることが大好きという自分の生命欲求に従順なタイプ。世の苦しみと悲しみはすべて自分にも責任があるように感じ、常に世界の重みを自分の中に感じている内省タイプ。そして、あちこち興味関心がいつも移ろい、友達と一緒にいるのが何より嬉しい八方美人タイプ。

この四つの気質は一人の人間の中に絵の具のように交じり合いながら、どれかが大きく出てくることが多いものです。

リーダータイプの子どもなら、人前で一人スポットライトを浴びるような発表の場があると張り切ります。目標達成のために頑張って努力するので、多少困難があるほうが、モチベーションが上がるタイプです。

生命欲求に従順なタイプは、習い事に関心を持つまでに時間がかかります。しかし、一度始めると、他の子が退屈と感じる単純な基礎練習でも習慣化し、何年でも飽きずに取り組める性質があります。

内省タイプの子は、家庭生活においても学校生活においても、大人がそれと気づかぬ小さなことをずっと気に病んでいるようなことがままあります。ですから、習い事は芸術的な癒しがもたらされるものが向いています。ギタリストやヴァイオリニストは繊細なタイプの人が多いように見受けられますが、確かに弦楽器を奏でることはこうしたタイプの子らの癒しになります。

あちこち移り気な八方美人タイプの子どもは、そもそも何をやらせてもなかなか身が入りません。一つのことに集中して取り組むことが苦手なのです。彼らがずっと関心が続くもの、それは人間そのものです。つまり、何を習うか、より誰に習うか、のほうがこのタイプの子らには重要なのです。この場合は、習い事の先生を大好きになりさえすれば、飽きずに長く通えるようになります。

こんな風に、我が子の気質や性格をよく観察してみると、成長の過程においてふさわしい習い事はなんなのか、自ずと見えてくるかと思います。

本人が「やってみたい」と言ったとしても、こうした気質によってその動機は様々です。内省タイプの子の場合と、八方美人タイプの子の場合では、その重みも意図も違うのです。

「整理整頓」は親がカスタマイズしてから

学校にあがったら、ひととおり、身の回りのことは自分でしてほしいもの。そして、それがだんだんとできてくる年齢のはずではあるのですが……。

時間割を見て、明日の授業に必要なものを揃えること、朝になったらハンカチやティッシュをポケットに入れていくこと。学校から帰ってきたら、ランドセルは片づけて、お母さんに見せるプリントは渡すこと。鉛筆は削っておくこと。本当に色々ありますね。

言われなくてもできる子なんて、ほんの一握り。毎日つい小言を言ってしまうお母さんのほうが、多いのではないでしょうか。

きれい好きの人がいるかと思えば、散らかっているほうが落ち着くという大人もいるように、確かに子どもも「整理整頓」には得意・不得意があるでしょ

う。でも、子どもができずにいることを、すべて子どものせいにしてはいけません。**子どもが「整理整頓」の状態を真似できるように、まずは「型」を作ってあげましょう。**こうすると、得意・不得意に限らず多くの子が自然と片づけが身につくようになります。

「型」を作るとは、「動きの流れと物の置き場所を考える」ということです。子どもの毎日の持ち物、上着や帽子やランドセル。教科書に筆箱、体操着。宿題のプリントやハンカチ、ティッシュ。すべての諸々の置き場所をしっかり決めてあげ、毎日の身支度と整頓の動きの流れが無駄のないように（無駄がないということは、動きやすいということです）、まずは大人がよく考えて提案してあげるのです。すると、子どもはその「型」をなぞるだけでよくなります。型をなぞることを促してあげればよいのです。

整理整頓のやり方を、子どもが考え出すのはまだ難しいのです。大人の思考でよく考えられた「型」をなぞるように繰り返すことで、子どもは整理した動きが習慣化して、からだに染み付きます。

「型」をなぞるには何事も反復練習が必要ですから、繰り返し促すことはこの年代の子どもには当たり前で大切なことなのです。

「小言を言っている」と思わないで、「身につくように反復させてあげていると思ってください。そうすると、かける言葉も棘《とげ》がなくなります（棘は言っている自分に突き刺さるものです）。

この反復練習にはどんな効果があるでしょう。

大人が頭を使ってよく考えられた整理整頓を、子どもは頭を使わずにからだでなぞることで、「整理された思考方法」を体に染み込ませます。これは第二次性徴期以降に育っていく「思考力」の根っこを育みます。整理整頓が得意な大人は、思考も整理されている、とよく言われますが、こうした子ども時代の大人の働きかけがその土台を作るのです。

子どもの前で人の陰口を言わないで

子どものいじめが後を絶ちません。いじめられて、自分の命を絶つという悲しい事件もなくなりません。それどころか、先生までもが事件になるほどのいじめをしているというニュースまで出てきました。子どもの前に立つ教師が、いじめを率先して行う。なんと悲しく情けないことでしょう。いじめられた先生はもちろんですが、そんな教師のもとにいた子どもたちもまた気の毒です。

パワハラ、という言葉がメディアでもよく聞かれるようになりましたが、「パワーハラスメント」とは権力や立場を利用した、いじめそのものです。

気づけば大人の世界も子どもの世界も、いじめが蔓延する世の中になっています。

大人の意識はいつでも子どもたちに反映しています。子どもの問題は、大人

の社会の在りようの表れです。

子どもの前で、陰口を言ってはいけません。もしもほんの軽い気持ちで、腹が立ったり、面白くなかったから、うっかり思っていたことを口にしただけだったとしても、そばにいる子どもたちは聞いていないようで、全身で聞いているものです。そして陰口を言っていた相手に次に会ったときに、もしも何事もなかったように愛想よくしていたら、子どもは人間が話す言葉に対して、信頼を持てなくなり、子ども自身も言葉に裏表をつけることを真似し始めます。「正義」や「真実」を尊ぶ姿勢を学んでほしい年頃の子どもたちに、この世には嘘、偽りがあるということを小さな陰口を通して伝えてしまうのです。

もしもあなたが納得がいかない、腹が立つようなことがあったら、陰で言うのではなく、本人の前で堂々と伝えたほうがよいのです。喧嘩になったとしても、陰口を言うよりはずっと健康的です。喧嘩は仲直りの余地がありますが、陰口は言う人にも聞く人の心の中にもジメジメとしたカビを生えさせ、いじめを生み出す土壌を作ります。

友達としての大人より、愛される権威としての大人になる

なんでもボーダーレスになっていく傾向がある時代なので、大人と子どもの世界もボーダーレスに。子どもに対しても友達のように振る舞う大人が増えました。

大人らしい大人がいなくなった、と言ったほうがわかりやすいでしょうか。でも、いくら大人が子どもっぽく振る舞ったところで、子どもにとって本当の意味での友達にはなれません。子どもは「小さな大人」ではないからです。友達のように振る舞うことが、子ども自身を尊重していることにもなりません。時にそれは、子どもの前で大人としての責任を引き受けずにいる姿を見せていることにもなります。

学齢期の子どもにとって、大人が親しみやすい存在であることは、たいして大事なことではないのです。それよりも、「大人ってすごいな」と思われるような、見上げる強さ、頼れる安心感を持った、愛される権威であってほしいと思います。

なぜなら、幼児期を経て、少しずつ外の世界を知り始めた子どもたちにとって、大人は子どもを守り、導く存在であってほしいからです。

私は子どもたちに自分のことを「美稀子先生」と呼んでもらっています。自分のことも「先生はね」と言います。

でも、本当は自分のことを先生と呼ばれるほど、たいした人間ではないと思っています。自分の至らなさや未熟なところは、何か失敗したり恥ずかしい思いをしたりしたときに、身にしみて感じます。

私が学校を出て保育所に勤めるとき、母に最初に言われたのは「世間では、先生と言われるほどの馬鹿でなし、という言葉があるくらい。人様に先生と呼ばれる職業に就いた人間は、おごらぬようによくよく気をつけなさい」という言葉でした。まだ20歳そこそこだった自分にとって、この言葉はとても印象深く、ずっと大事にしてきました。

様々な教育現場の中には、指導する教師や講師を「先生」と呼ばせず、友達のようにニックネームや呼び捨てで呼ばせるところもあります。私もそのあり方は決して否定はしません。素敵な実践をやっているところも、たくさんあります。

では、どうして私は自分の園を立ち上げてからも、母の忠告を胸になお「先生」と呼んでもらうことを選んできたかというと、そうすることで「先生」であること、子どもの前に立つ、責任ある大人であることを自分が忘れずにいることができたからです。

「ミッキー」とか「みきこ」と呼び捨てで子どもに呼ばれていたら、つい大人であることを忘れて、自分の未熟な自我が顔をのぞかせてしまうかもしれません。子どもの前で心があぐらをかいてしまいそうで怖いからです。

そういう意味で「先生」という呼称は決して悪いものではありません。子どもにとって責任ある立場の大人であるということを、いつも自覚させてくれるからです。

「ありのままであること」がもてはやされる時代ですが、**「ありのままであること」と「無責任であること」は違います**。子どもの前に立ったときに、自分はこの子らにとって、逃れられない環境の一部としての大人であるという謙虚な気持ちを、忘れずにいたいのです。

そろそろテレビはつけてもいいよ、でもニュースは気をつけて

これだけデジタルデバイスが広がると、もはやテレビがもたらす子どもへの影響について話題になることはほとんどなくなってしまいました。

私が保育士になったのは90年代半ばです。その頃はまだ子どもたちがからだを動かして遊ばずに、テレビやビデオといった〝画面の前に居続けること〟に対して、警鐘を鳴らす学者や教育者も多かったのですが、そこからあっという間に世の中がデジタル化していき、今や大人自身がその波に取り残されないようにと必死についていっている状態。子どもたちへの影響について検証する機会は以前より失われています。

テレビやその他の動画の視聴時間が長い子どもたちは、短絡的なものの捉え方をする、文章の読解力と表現力が乏しい、対人関係において距離感の取り方

がわからない、他者の様子を察したり、想像したりするのが苦手、といった傾向があります。

こうした傾向が、成長して社会に出たときに「生きづらさ」の要因のひとつとして彼ら自身を悩ませることになるのは、容易に想像できます。

テレビの巨大化も進み、部屋に占める存在感も大きくなっていますが、子どもにとって壁と見まがうような大きさのテレビも少なくありません。

画面を通して見るものはすべて、向こうから刺激が一方的にやってくるので、感覚的には受け身にならざるを得ません。時間を区切って見せる、見る番組を選ぶといった工夫はこれからの時代も必要でしょう。

つけっ放しのテレビで気をつけたいのは、盲点になりがちですがニュースです。時に私たちの世界では、残念なことにドラマ以上に残酷な事件やそう簡単には理解も推察もできないとんでもない事件が起きます。また、言葉の裏表を駆使した政治劇も頻繁に報道されます。どれもこれも、子どもたちが納得できるように説明するのは困難な事象ばかりです。

ひどいニュースを垂れ流しにしながら、食事をしたりすることのないよう気をつけたいものです。殺人事件の報道を見ながら、楽しい食事をとれているのだとしたら、何かを麻痺させているのです。

テレビのスイッチを切りましょう。垂れ流しのニュースは、社会への正常な関心を麻痺させ、どんなニュースも、自分とは無関係の別の世界の出来事として見過ごす癖がついてしまいます。子どもの前でニュースを見るときには、意識的に見て、繰り返し報道される同じニュースを垂れ流しにしない。気をつけたいところです。

社会の問題や危険を伝えるときには、世界の素晴らしさも伝えよう

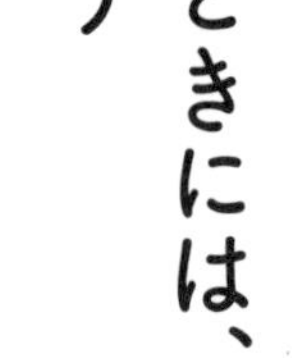

東日本大震災の直後にあった原発事故の際には、うちの園がある仙台は福島第一原発から１００キロも離れていませんでしたので、その後の保育には気を遣いました。なにせ、チェルノブイリ周辺の汚染地図を見たときに、１００キロ圏内は軒並み高汚染地域だったのです。原発事故というのはこれほど広範囲に影響を及ぼすのかと愕然《がくぜん》として、水は？　食べ物は？　砂場は？　と、なるたけ信頼できる情報を集めながら、大人としてできる限り子どもたちに被曝をさせないという責任を果たそうと必死になりました。

それから10年と経たないうちに、今度は新型コロナウイルスが発生しました。またもや、目に見えない敵との戦いです。今度は、放射能とは似て非なる敵。人に近づけない、どんどん広がるので逃げる場所がない、というのが困難です。

困難の多い時代に生きているなと感じます。地震や津波は、これからもやってくるでしょうし、グローバル化していく世界においては、何事も「対岸の火事」では済まされなくなります。

だからこそ、生きる根っこの力の育みがとても大事になってきます。どんなことがあっても、自分自身を信頼し、世界を信頼できること。つまり、希望を見出す力です。そうやって困難を切り抜けていくことができる、いわゆる生き抜く力が、これからの時代を生きる子どもたちにはとても求められています。

子どもたちに社会の問題や危険を伝えるときには、その恐ろしさばかりを伝えないように気をつけましょう。

この年代の子どもたちは、そうした社会の問題に直接行動を起こしたり、変革を起こしたりする力はまだ持ち合わせていません。**自分がどうしようもできない事象に対して、恐怖や不安だけが大きくなると「希望」を見出す力は失われてしまいます。**あきらめや無関心、逃避といった感情を呼び起こすかもしれません。リアルな世界があまりに深刻で重すぎると、バーチャルな居心地のよい世界に惹かれてしまうのは子どもも同じなのです。

世の中の困難が大きいときほど、世界の素晴らしさも同じように伝えていきましょう。

困難の中にはいつも必ず、人間の愛から発動する働きが生まれます。利己を捨て、みんなのために生きようとする人たちが出てきます。それこそが、この世界の素晴らしさです。子どもたちはそこを知りたがっています。それが、子どもの中に生き抜く希望と勇気を育てる滋養になります。

この年代の子どもたちが偉人伝のような、昔の人たちが困難を乗り越えたり、愛を持ってみんなのために働いた話を読むことはとても意味があることです。宮沢賢治、ヘレン・ケラー（と彼女を導いたサリバン先生！）、ガンジー、キング牧師……そういった大いなる困難の中で希望を見出した先人たちの物語は、未来を生きる子どもたちの大きな助けとなります。

「今日はこんなことあったよ」子どもの話を聞き出す前に、自分から

子どもの自我が芽生え始めてくると、急に我が子が理解できないように感じられてしまうお母さんも少なくありません。物思いにふけっているように見えたり、態度が「つんけん」としていたり。それまでの明るさが消えたように感じられるかもしれません。

子どもが自分から学校や友達のことなどを話す機会が減ってくると、ついつい「今日学校で何してきたの？」「誰と遊んだの？」と細かく聞きたくなってくるものですが、こんなときは無理に聞き出そうとせずに「今日はお母さん、こんなことあってね」と自分から話題を提供してみましょう。大きなトピックでなくてかまいません。

ゴミを出しに外に出たら、隣のお家から猫が飛び出してきたけどいつも見る

のとは違う黒猫だったとか、仕事帰りの電車の中でおばあちゃんが乗ってきたから席を譲ってあげようとしたら、先に高校生のお姉さんが譲ってくれたんだよ、とかそんな他愛もない話です。

そこから派生して、自分の子ども時代の話に発展させてもよいと思います。お母さん、子どもの頃は猫は苦手だったんだよとか、一番最初に席を譲ったときの経験の話などです。

身近な大人の子ども時代の話を聞くことは、子どもにとっては新鮮であると同時に、一人の人間として歩み始めた子どもが、目の前の親密な大人もまた、一個人としてこの世界で、様々なことを感じながら生きているのだということを実感するきっかけとなります。

「うちはうち」のルールが子どもを精神的に守り安定させる

子どもを育てていると、誰もがぶち当たる壁はおそらく、「○○ちゃんも持っているから自分も欲しい」「○○くんもやっているから自分もやりたい」という子どもの欲求にどう応えるか、ということではないでしょうか。

他の子がみんな楽しんでいるモノやコトを、我が子が持ってなかったら仲間はずれにされるだろうとか、かわいそうだと思う親心は自然なものです。また、親の狭い考えで、子どもの自由を極端に縛ることも決してやってはいけません。

しかし、子どもにとって本当に有害であるもの、今はまだふさわしくないものを子どもから遠ざけることもまた、親の役目なのではないでしょうか。

みんなが隠れて飲んでいるのだからと、子どもがお酒を飲むのを容認する親はいないでしょう。しかしそれをきっぱり止められるのは、未成年がお酒を飲

むことを法律で禁止されているからです。

法律が子どもを守る「壁」を作っているからこそ、誰も迷う余地がないわけですが、未成年者飲酒禁止法がなかった明治時代までは、その土地の慣習や習俗でハレの日などに未成年が飲酒することもありました。しかし法律がなくても、日常的に子どもが飲酒することがないよう、地域社会の不文律がありました。

現代は明治時代よりもずっと「個」が尊重され、それぞれがやりたいことを好きなだけやる自由が保障されています。

しかし一方で、外からの規制ではなく、内なる自制心を持って行動を制するあり方はみんな苦手になってきています。

本当に「自由」な人間は、外からの規制に頼らずに、内なる力で自分をコントロールできる人間です。それには強い意志の力が必要です。その力を育むためにも、子ども時代には大人が壁を作ってあげることが、時に必要なのです。

子どもはその壁に怒ったり、反抗したりするかもしれません。しかし、ぶつかる壁があるというのは、子どもの成長にとって幸せなことでもあります。

壁があるからこそ、子どもはこの広く混沌とした世界に秩序を見出し、自分自身の輪郭を確かめることができるからです。

私たちは周囲に壁がなければ、どこまでが自分の領域で、どこからが外の世界なのか把握することができません。なんでもやり放題、手に入れ放題は本当に「自由」な在りようでしょうか。手を伸ばしても、何かをつかもうとしても、どこまでも壁のない世界は孤独です。

「よそはよそ、うちはうちよ」

そう言ってもらえる子どもは、幸せな子どもです。大人が子どもの育ちをよく見ていてくれて、その責任をしっかり引き受けてくれているからです。そしていずれ子どもは、そうやって自分を守ってくれた親に対して、感謝するときが必ず来るでしょう。

意地悪や冷めたことを言うようになったら、成長のひとくぎり。自我の芽生えと考えて

9歳くらいになると、お腹から出てきてからも見えないへその緒でつながっていたお母さんとの強い結びつきはだんだんと解けていきます。

それまで子どもは、自分自身を、家族と一体で存在するという感覚で生きていました。永遠にお父さん、お母さんとの生活が続いていく感覚です。

ところがだんだんとそうした一体感の中から「自分」という一人の個としての感覚を見出し始めます。

人はいつか死ぬ、お母さんもお父さんも、そしていつかは自分も死ぬのだ、それぞれのタイミングで、ということに気づき始めるのです。

ここまでくると、もう幼児期から続いてきた縄文時代ともいよいよ別れを告げます。

縄文時代は「いのちはみんなつながっている」という世界に生きていました。花にも石にも空にも星にもいのちがあり、心があって、子ども自身もそこに向かって心もからだも開きっぱなしの状態でした。オープンマインド&オープンボディ、です。

しかし、この子どもの開ききったからだは、永久歯が生え揃う頃になると次第に周りの世界とのこうした結びつきを解きはじめ、「自分」という「個」として存在していることを実感し始めるのです。

それまで、子どもの言動はとても無邪気でした。まだ「自分」という我がぼんやりしているのですから、まさしく「邪」が無かったのです。しかしだんだんと「個」が芽生えていきますから、そこに「我」も生じてきます。世界との一体感が消えて、周囲を「客観的に」観察するようになります。

それまでは「世界で一番大好き」「大きくなったらお母さんと結婚する」と言い切っていた子どもが、手のひらを返したようにお母さんの行動につっこみを入れてきたり、手厳しく批判したりするようになります。時にそれは、言葉や社会性の未熟さと相まって、意地悪に聞こえたり、情のない言い方に聞こえたりしてしまうかもしれません。でも、決して「性格が悪くなった」わけでも「根性がよくない」わけでもないので安心してください。

子どもは、次の成長のステップを健康的に昇り始めたのです。この時期、急にそれまでできていたこと——一人で眠るとか、夜トイレに行くとかいったことを怖がってできなくなることがありますが、これもまた世界から切り離された「個」としての意識が芽生え始めた時期の特徴でもあります。

「9歳の危機」蛹《さなぎ》の時代に入る

「自分」というものを意識し始めると、周りと自分との「違い」がとても気になってきます。自分を意識すればするほど、それまで一体に感じていた周囲の世界との分離感も生まれてきます。「距離感」のようなものです。

それまで無条件に好意を持って接していた両親や祖父母、担任の先生などにも妙につっけんどんになったりしてくるのは、「ちょっと早い思春期や反抗期」ではなく、「自分の内的世界の構築作業」が始まったサインです。

この頃の子どもたちをなんと表現したらよいのでしょう。

「モヤモヤしている」ような「何かスッキリしない」ような、そばにいる大人は、まるで何の虫が生まれるのかわからない蛹《さなぎ》を見ているような気持ちになるかもしれません。

いえ、実際のところ、本人にだって自分が何にモヤモヤしているのか、不安を感じているのかは、わからないのです。

子どもたちはここにきてやっと、「自分」という閉じられた心の内面（感情生活）を初めてリアルに意識し始め、学校生活や家庭生活を通して様々な感情を味わいながら、戸惑っています。

「自分」という存在を感じることは、周りの世界との間には壁があると感じることでもあるので、９歳以前のような無邪気な「子どもらしさ」は失われていきます。

そして、世界との距離感は、時に「孤独」も感じさせます。どんなに愛されて育っていても、ひとりぼっちのような気持ちを味わうこともまた、人間の成長において避けて通れない道なのです。この混沌とした時期は、少しずつそれぞれの変化を重ねながら第二次性徴の起こる頃まで続きます。

第4章

10歳以降

蛹の時代

「子ども時代」からの脱皮に向けて

「9歳の危機」

これは、シュタイナー教育者の間ではよく知られた言葉です。

前章でも述べましたように、9歳前後になると、子どもたちは黄金期の子ども時代の特徴であるアニミズム的世界観を脱していきます。

「いのちはみんなつながっている」という世界に自分を開ききっている状態から、少しずつその扉を閉じて、「自分」を感じながら、心の内面を豊かにしていく時期に入るのです。

心の土台を作る時期にできること

目に見えて変化が訪れる思春期以降と違って、この9～14歳くらいの時期は、親も「?」と思いながらも、うっかり通り過ぎてしまいがちです。しかし実は、自己の内面を育む上で、大変重要な時期でもあるのです。

「縄文時代」がからだの土台づくりがメインの時代とすると、この時期の課題はまさに、心の土台づくり。「自分らしさ」を構築し始める最初の段階でもありますが、まだ思春期を過ぎた子どもたちほど、自分の好みも自己イメージも明確ではありません。その分、友達などの周りの影響を受けやすい時期でもあります。

口を開けば大人びた言葉を口にしますが、目標に向かって順序立てて取り組むような全体を見通す力、自分の行動を振り返ってみるような意識はまだ育っ

ていません。その時々に、目の前にあることを一つひとつこなしていくような瞬間の連続で生きています。

親としてはどう対応してよいのか困ることもあるかもしれません。寄り添うことで解決した時期はもう過ぎています。この時期は、見守ることに加えて、人生の先輩として、なんらかのビジョンを提示できることが、子どもの成長の助けになります。

「こころの土台」として、誰もが大切にしたいことはなんでしょう。

それは本質的な「美しさ」を愛する気持ちであり、嘘を嫌い「真実」を尊ぶ感覚を持つことであり、他者を糾弾《きゅうだん》するためではなく、自己に向かって働く「正義感」を育てることではないでしょうか。

「美」を尊ぶ心は、調和の心につながります。大人向けの本格的なクラシックコンサートや芸術鑑賞にも同伴できる年齢になりますので、いろいろな芸術的体験を一緒に楽しむのも良いでしょう。家族旅行も、それまでの楽しさだけが思い出になるような旅ではなく、出かけた先で出会う人や風景に個人的な印象を深めるようになっていきます。

「真実」や「正義」を大事にしたい気持ちは、本来誰にでも備わっているものです。掃除当番をサボった友達への「ずるい」という気持ち、間違ったことを指導しておきながら、ごまかしたままちゃんと謝ってくれなかった先生への気持ち、子どもが訴えてきたら、あなたはどのように対応しますか。

子育てに正解なんてありません。ただ、人間が心の根っこで大切にしていくべき感覚を、道徳的なお説教ではなく、周りの大人が自分の生き方の中で大切にしていることとして、日常の暮らしの中で見せていく。ひと昔前までは「まっとうな生き方」といった言い回しがありましたが、まさに人としてまっとうに生きるということはどういうことだろうと、改めて親も一緒に考えてみることが、この時期にはとても教育的に働きます。

ユーモアと喜びを忘れずに

ところで美と真実と正義を大事にして……なんて言ってしまうと、なんだか肩がこりそうですね。

それは確かにそうなのですが、この時期は同じくらいにユーモアや笑いの要素も大事になってきます。

「お笑い」が好きな人はよくおわかりだと思いますが、笑いというのは自分や世界をよく客観視できたときに生じる、この世のおかしみ、滑稽《こっけい》さですね。ですから、ユーモアが共有できるようになってくるのは、世界を少しずつ自分から切り離して感じることができるようになってくる、この年齢以降なのです。

子どもたちはユーモアのある大人が大好きです。

面白いから、笑わせてくれるからだけではありません。ユーモアのある大人自身が、目の前の事象に感情的に飲み込まれずに、どこか冷静に自分を保って見ている視点があることを感じさせてくれるから、子どもたちは深いところで安心するのです。

美や真実や正義を尊ぶのと同じように、人生を楽しむこと、喜びを感じること、ユーモアを忘れないことも、とても大切です。

私自身がユーモアを忘れないための魔法の言葉は「リラックス・オープン・エンジョイ」です（大好きな真心ブラザーズというバンドの歌詞にあります）。私も園の小学生クラスで、他愛もないジョークで子どもたちを気持ちよく笑わせることができたとき、最高に気分がいいものです。私は、ユーモアは愛の中に含まれると信じています。

幼児時代を知っている人たちとのつながりを大事にする

大人になっても
出てくる
子供のころの
自分の好物

仙台は転勤族の多い街なので、園に通っていた子どもが遠くに引っ越していくことも少なくありません。転勤の多い家庭だと、２～３年ごとに引っ越して歩く人たちもいます。

大人に比べると、子どもの新しい土地への環境適応能力はずっと高いものです。大抵は、両親よりも早くその土地の言葉を覚え、使いこなしてその土地に馴染んでいきます。

しかし一方で、あまりに子ども時代に引っ越しが重なってしまうと、この頃に腰を据えて育みたい地域社会とのつながりや、長い目で成長を見守ってくれる周囲の大人たちとの関係を育むことが難しくなります。

大人になって故郷に帰ったとき、自分がまだほんの幼い子ども時代だった頃を知る人たちに会い、当時の自分の思い出話などを聞かされることは、気恥ずかしいけれども、どこか温かな、そしてありがたい気持ちになるものです。

特に自己を確立させる長い旅が始まるこの思春期の入り口では、自分のことを幼い頃からよく見守ってくれている人たちが変わらずにいてくれる、という存在感は、子どもたちの無意識の領域での世界への信頼感や安心感につながります。

卒園生の中には、引越しを重ねて遠くにいる子もいますが、「幼稚園時代を過ごした仙台が自分にとっての故郷」と言って、毎年園のバザーなどに顔を出してくれる子どもたちもいます。

皆が故郷喪失者とも言える現代において、子ども時代の自分を知っていている人たちがいるところが、「故郷」になるとも言えるのかもしれません。

困難な時代を生き抜く力を

21世紀は、ニューヨークの9・11テロから始まり、様々なテロが世界中で多発するようになりました。日本ではまだ身近に実感できていないかもしれませんが、難民の問題も世界各地で深刻です。

地球温暖化による天候への影響は、様々な地域で甚大な被害をもたらしています。お天気ニュースで「異常気象」とか「かつてない降雨量」といった言葉をいつも耳にするようになってしまいました。

それに加えて地震国である日本では巨大地震の活動期に入っているようで、大きな地震や津波がまたいつ来るかもわかりません。

戦争は起きていなくても、平和であるとは言い難い、困難な時代に生きていることを感じます。

こうした時代の中で、子どもたちはニュースを、社会を、私たち大人たちをどのように見ているのだろうといつも思います。私などはバブル期に子ども時代を過ごしているので、冷戦問題やアフリカの飢餓問題などがあったにせよ、今よりもみんなが「社会はもっとずっと良くなっていく」という根拠のない確信を持っていたように感じます。今はそうした夢から覚めて、大人もまた「これから世界はどうなっていくのだろう」という漠とした不安を抱えているような時代です。

こんな時代に子ども時代を過ごしている子どもたちを、応援していきたいと心から思います。

困難はありながらも希望を持ち、人生を愛し、世界を愛して、エンジョイして生きていけるように。その力を「生きる根っこの力」と私は呼んでいます。その力を育むためには、子どもが子どもらしく過ごせる子ども時代を、どの子にも保障してあげることが大切です。

「保障してあげる」とはつまり、子どもの発達の順番をよく理解して寄り添ってあげること。

そうして存分に愛されて、のびのびと子ども時代を過ごした子どもたちには、どんな困難な状況に置かれても、「より良く世界を変えていく」力と勇気が備わっているはずなのです。

リラックス、オープン、エンジョイ。子どもを見守る私たちが、いつも忘れずにいられますように。

コラム

私とシュタイナー教育の出会い

私がシュタイナー教育を知ったのは、保育学生時代の19歳のときです。母が「こんな教育もあるそうよ」と見せてくれた、海外のシュタイナー学校を紹介するテレビ番組に強い衝撃を受けました。

何がそんなにも衝撃を受けたのか、今では忘れてしまいました。それまで見たことのない美しい教室の風景なのか、斬新なアプローチの授業法なのか、子どもたちと教師の生き生きとした瞳そのものだったのか。とにかく私はすっかりこのシュタイナー教育に夢中になりましたが、残念ながら地元の仙台に当時シュタイナー教育を取り入れているところはあっても、しっかり実践している幼稚園は皆無でした。

私は公務員の保育士として地元に就職し働き始めましたが、現場で実践を重ねれば重ねるほど、テレビで垣間見たシュタイナー教育の現場が忘れられませんでした。

これからの子育てに絶対に必要になるはずだと確信したのが、児童相談所の一時保護所で、虐待を受けた子どもたちを緊急保護する仕事に就いていたときのことです。２０００年代に入った頃のことですが、当時から児童虐待の件数は増加する一方で、一時保護所も常にいっぱいの状況でした。私は現場の対応に追われながら、もっと根本的に人間の育ちを学び直したい、人間とは何か、人間が人間を育てるとはどういうことなのかを知りたいという思いが膨らんでいきました。シュタイナー教育の中に、そのヒントがあるはずだと、どこかで直感的に感じていたのだと思います。

公務員を退職して、シュタイナー幼児教育者の養成コースに入ったのは28歳の春でした。養成コースでの四年間は、それまでの私が知っているどんな「学び」とも違うものでした。保育者として学ぶ内容のみでなく、哲学的なこと、自然科学的なこと、文学的なこと、そして芸術的なことと多岐にわたり、実習もたくさんありました。

不器用な私が、一枚の板から彫刻刀一本で皿を掘り出したり、髪の毛まで一本ずつ毛糸を刺して作る本格的なお人形を作ったり、「オイリュトミー」（シュタイナーが考案したパフォーミング・アーツ）と呼ばれる「不思議な」動きを踊ったり……。

こうしたそれまでにない経験を通して、私は「学ぶ」ということの、より深い意味をからだで感じ取ってきたように思います。勉強は頭だけでするのではなく、からだに染み入るように吸収するものだと実感していたのです。それは、心の奥深くから静かに喜びが湧き出る体験でもありました。

特に教育実習は、東久留米市（東京）にあるＮＰＯ法人が運営する「南沢シュタイナー子ども園」を創立し、当時担任も務めていらした吉良創先生のもとに学びましたが、そこでの日々は今でも、すべてが新鮮で生まれ変わった日々のように覚えています。子どもと暮らす世界が、これほどに穏やかで喜びに満ちたものであること、そうした世界は大人のほんの小さな心がけや意識で生み出せることを教えてもらいました。

「学んだことの証しは、ただ一つで、何かがかわることである」と言ったのは、教育哲学者で宮城教育大学の学長も務めた林竹二氏ですが、まさに私はその4年間の学びを通して実際に大きく変わりました。

子どもにとっていちばん大事なことを学んだことで、人間として大事なことを考える手がかりをつかみ、それは自分の人生をかけがえのないものと実感できる感覚を育ててくれました。

ひとことで言うと、どんなときでも、生きていることそのものがとても楽しいと感じられるようになったのです。楽しくなってきたら、大変なことさえ何かのより良い機会に思えるようになり、気づいたら「虹のこども園」が生まれていました。自分で幼稚園を作ることになるなんて、夢にも思いませんでした。人生って、ほんとうに不思議です。


「子育てには順番があり、それは人間の普遍的な成長発達をものさしにしている」ことを、本書ではシュタイナー教育が大事にしている視点から、具体的にわかりやすくお伝えすることを心がけました。

シュタイナー教育では人間の成長発達は7年周期でその節目を迎えると考えています（子どもの成長について語られることが多いですが、実は大人になっても精神の成長発達は、個々の人生の歩みに照らしながら、やはり7年周期の節目があります）。この本では、その成長の基本的な歩みを下地にしつつ、より具体的な場面に添えるよう、幼稚園就園（3歳）や就学年齢（7歳）、高学年以降（10歳以降）、といった区切りで分けてみました。

幼い頃の記憶というものは誰しもおぼろげで、それ以降の記憶に比べるとほぼ残っていないものですが、だからこそ、この時代の日々の経験は、その人間の無意識の領域に深く影響しています。心理学の観点から見ても、この無意識の領域が大人になってから人間の顕在意識に働きかける影響はとても大きく、「生きづらさ」や「理由の見つからない気分」の原因がここに隠れていることもあります。

子どもが子どもらしく子ども時代を過ごすことが、大人になってから、自由に人生を生き抜く力の根っこになっていくことへの理解が広がることは、現代社会の様々な生きづらさやメンタルヘルスの問題についても、遠回りのようでいて確実な減少につながる道になるだろうと考えています。

おわりに

いのちは、めぐるものだとしたら――。

仏教の広まった日本では、輪廻転生の思想は多くの人にとって馴染みやすいものですが、西洋では「死んだら天国で永遠の命を得る」というキリスト教思想がまだ根強く、転生思想は特殊なものに感じる人も多いそうです。

もしも、いのちはめぐるものだとしたら――未来の子どもたちとはつまり、私たち自身であると言えます。今、大人として子どもたちへの対応に試行錯誤している私たち自身が、いつかまた未来の子どもとしてこの地球に降り立ったとき、そこにはどんな風景が見えているのでしょうか。時々、そんな妄想を膨らませている自分がいます。

地球は、変わらずに美しい星であってほしいと思います。

空も海も青く、緑豊かであってほしい。

どんなお父さんやお母さんの元に生まれているでしょうか。

自分がまた、どこかのお母さんのお腹から生まれ落ちたときに、どんな風に世界を感じ、認識して、その歩みを始めるのでしょうか。

なるたけ、子どもらしい子ども時代を過ごせるようにと願います。戦争や災害、その他何らかの時代や環境の影響で、次なる自分の子ども時代が奪われることのないようにと思います。

幼い頃は十分にぼんやりと空の雲の形が変わるのを眺めたり、地上のアリを追いかけたり、小さな野の花を摘んで遊んだりしたいものです。

いつの時代でも子どもは、そのように在ることが生き物としての自然の摂理に沿っています。

「発達には順番がある」ということを大人が理解して関わるということは、別の角度から見ると、「子どもが子どもらしく過ごせる子ども時代」を保障するということでもあります。

子どもを小さな大人として扱うのではなく、子どもらしく在れることを大事にする社会は、そうした価値観を市民文化として育んでいくことができるでしょう。

「子育てはアート」であり、そしてアートは足元から文化を創りあげていきます。どんな子育てをしていくか、ということは私たちが足元の根っこから創造していくことのできる、静かで平和的な文化の革命でもあるのです。

イマジン——想像してみましょう。未来の子どもたちとは、私たち自身であると。だとするならば、私たちは私たち自身に、どんな未来を創り出していきたいのでしょうか。そうイメージしてみると、大人の私たちが今、子どもたちのために何を選択していけばよいのか、どんな風に関わっていけばよいのか、自ずと答えは見えてくるのではないでしょうか。

子どもたちは、私たちの未来そのもの。

そして、未来は、私たちそのもの。

私は、人生の多くの時間を子どもたちとともに過ごしてきましたが、過ごせば過ごすほどに、いのちの不思議は深まるばかりです。

そして、いのちの調べに静かに耳を澄ますと、宇宙の星々の音が聞こえてくるような、大きなものに包まれた気持ちになっていくのです。

この本は、子育て中の親御さんや保育・教育に携わる先生方のみならず、すべての大人の方々に手に取って読んでいただけたらという想いで書き始めました。それは、「子ども」という存在に無関係な人など、ひとりもいないという思いからです。

すべての人がきっと、未来の子どもであるはず——その子どもたちにとって幸せな世界をみんなで創っていきたい。そんな祈りを込めて、書きました。

最後に、本という形に仕上げてくださった青春出版社編集担当の手島智子さん、心温まるイラストを添えてくださった玉村幸子さん、本文デザインを手掛けてくださった岡崎理恵さんに心より感謝申し上げます。とても素敵な方々にお支えいただいた幸運を感じています。本当にありがとうございました。

八月の満月の日に。緑深き東鳴子の湯治場にて。

虹乃　美稀子

著者紹介

虹乃美稀子　1973年生まれ、仙台市出身。「東仙台シュタイナー虹のこども園」園長。シュタイナー幼児教育者。
公立の保育士として保育所や児童相談所に勤務後、シュタイナー幼児教育者養成コースに学ぶ。南沢シュタイナー子ども園にて吉良創氏に師事。2008年に私塾として、「虹のこども園」を開園。また東京をはじめ、全国各地で子育て講座やワークショップなどを開催している。
本書は、「子ども」という存在の成長発達に則した大人の関わり方がいかに重要かを教えてくれる一冊です。あふれる情報に飲み込まれそうになったら、手に取ってみてください。子どもが子どもらしく生きられるための小さなヒントがいっぱいです。

いちばん大事《だいじ》な「子育《こそだ》て」の順番《じゅんばん》

2020年11月25日　第1刷

著　　者　虹《にじ》 乃《の》 美《み》 稀《き》 子《こ》
発 行 者　小 澤 源 太 郎

責任編集　株式会社 プライム涌光
電話　編集部　03(3203)2850

発 行 所　株式会社 青春出版社
東京都新宿区若松町12番1号 〒162-0056
振替番号　00190-7-98602
電話　営業部　03(3207)1916

印　刷　共同印刷　　製　本　フォーネット社

万一、落丁、乱丁がありました節は、お取りかえします。

ISBN978-4-413-23178-7 C0037